熊野からケルトの島へ

アイルランド スコットランド

桐村英一郎 著

三弥井書店

目次

まえがき 1
常世の国と常若の国——プロローグ 5
大陸のケルトと島のケルト 9
通じ合う熊野とケルト 14
今なお新鮮な梅棹忠夫説 19
双方に流れる優しい空気 24
司馬遼太郎が見た道路標識 29
「何でもあり」の熊野は心地よい 34
暖流がそれぞれの風土をつくる 39

「マッサン」が学んだ半島の町　44
火山活動が生んだ共通の奇観　49
輪廻転生、ケルト人の死生観　54
熊野権現も天竺から来た　59
常若の国から乙女の誘い　64
ケルト神話と浦島伝説　69
小泉八雲が結ぶ現世と霊界　74
オーク＝カシではない　79
食に絡んだ日本のカシワ　84
イチイの森が町の名に　89
南方熊楠のちょっと怖い話　94
タラの丘は心の故郷だ　100

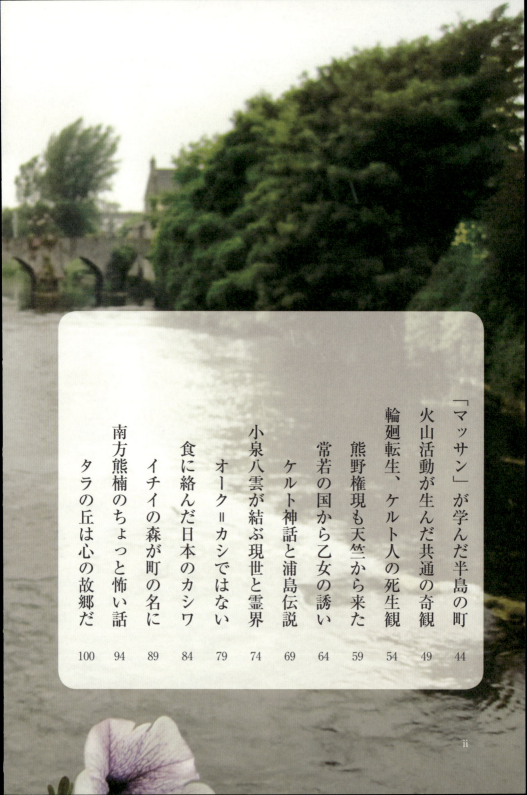

中洲の空にトビが乱舞する　105
ニューグレンジに圧倒された　110
スコットランドの島に巨人が集う　115
神々が宿る熊野の巨岩　120
無社殿神社に祈りの原型を見る　125
自然信仰の根強さが熊野の魅力　130
大地の女神に許可を請う　135
熊野のヒロインはイザナミノミコト　140
闘う女性メイヴとニシキトベ　145
異教徒への巧みな布教　150
古い神々が残ったアイルランド　155
「持ちつ持たれつ」の神と仏　160

ケルトも熊野も寛容だった 165
絶海の孤島に籠るケルト修道僧 170
俗界を離れ山中に庵を編む 176
「棺桶船」でめざした新天地 180
海の彼方に幸せが待っている 185
反骨が島のケルトのバックボーン 191
パブの老歌手は英国嫌いだった 196
島国の権力なんてちっぽけだ 201
地球のために手を結ぼう——エピローグ 207
あとがき 213

まえがき

この本は、日本の熊野地方とヨーロッパの国アイルランド、そして英国の一部であるスコットランドの結びつきを考える試みです。

遠く離れた国や地域にいったいどんな縁があるのか、いぶかしく思われる向きもありましょう。私も五年余り前に紀伊半島の南部、三重県熊野市波田須《はだす》町に移り住むまでは、そんなことは考えてもみませんでした。

でもそこで熊野灘を眺めて暮らすうちに、ユーラシア大陸の西と東の両端のさらに端っこに位置し、黒潮とメキシコ湾流という二大暖流が沖を洗う地域には、同じような観念や思想・風土が育まれるのではないか、と思うようになったのです。

私は「現場を重視し、自分の目で確かめる」ことをたたき込まれた新聞記者でしたから、知りたいことがあれば、そこに飛んでいき

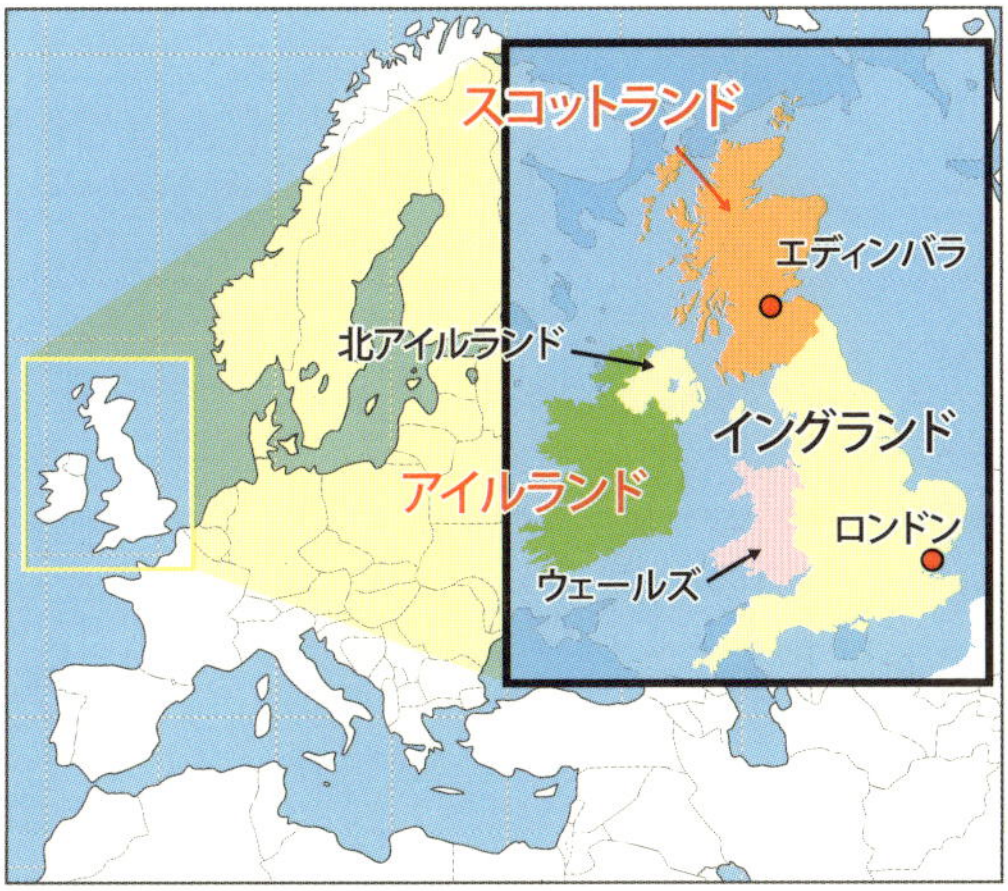

ます。今回もアイルランド、スコットランドの旅から事を始めました。

　これは、熊野から古代ケルトの香りを残すヨーロッパの西端の島々を、ひとつの仮説を抱いて回ったエッセーです。空想の海を泳ぐ物語、ドライブ旅行記、地域を越えた古代史の探索、どんな読み方もご自由です。


「熊野」はどこを指すか。これにはいろいろな見方や意見がありますが、おおざっぱに紀伊半島の南、和歌山県南部と三重県南部からなる地域としておきましょう。近世の区域である牟婁《むろ》郡（明治以降の和歌山県東・西牟婁郡、三重県南・北牟婁郡）と重なり、現在の市町では和歌山県田辺市の過半、新宮市、三重県の大紀町の一部と尾鷲市から南で、熊野市を含む区域がそれにあたります。

　田辺は天才南方熊楠《みなかたくまぐす》が後半生を過ごした街で

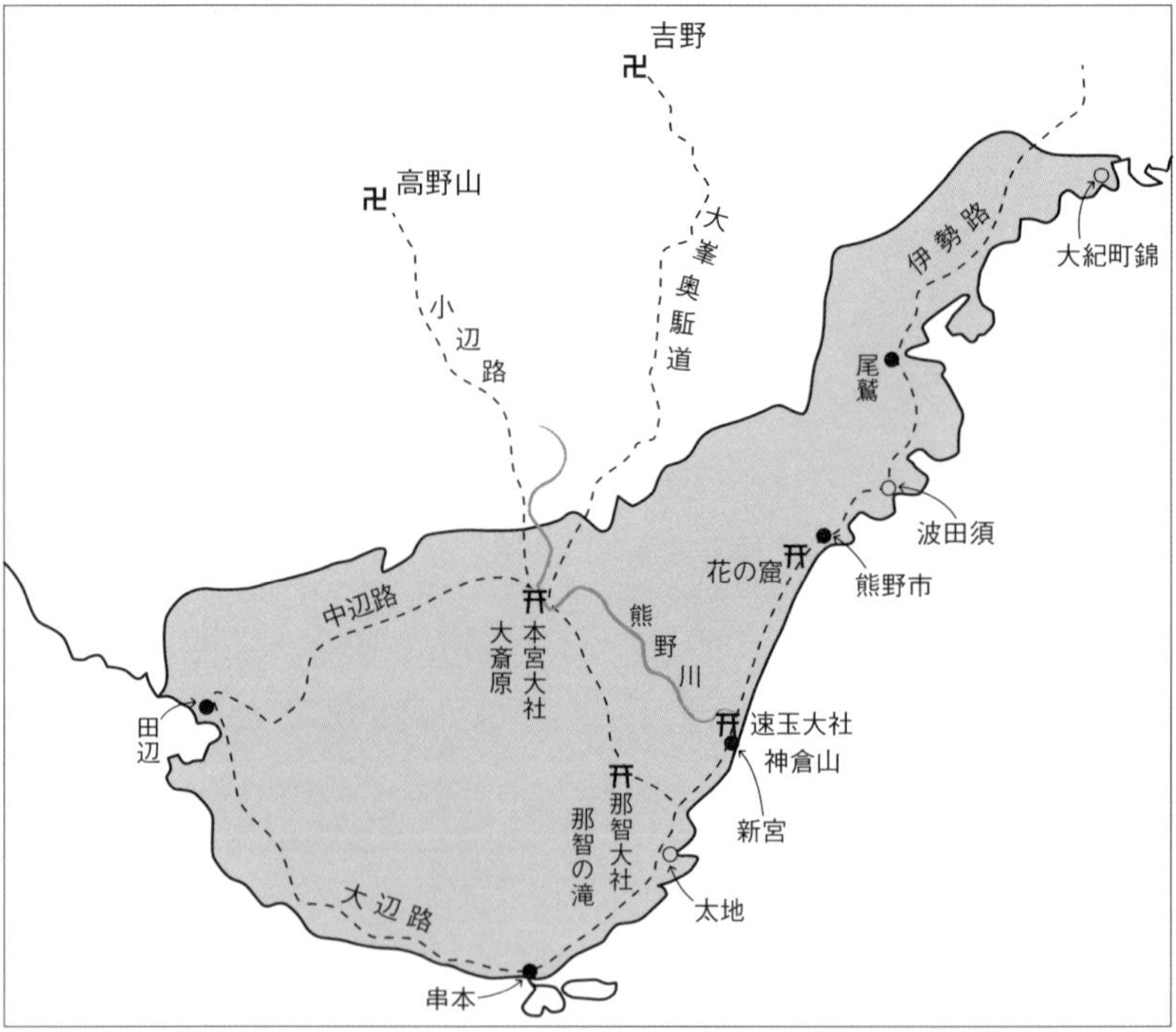

す。また大紀町錦には熊野市二木島《にぎしま》、新宮市三輪崎、和歌山県那智勝浦町浜ノ宮と並んで、神日本磐余彦《かむやまといわれびこ》（神武天皇）の熊野上陸の場所はここだとする伝承が伝わっています。

熊野は年中、いろいろな種類の蜜柑《みかん》が採れる温暖な場所ですが、雨が多く、山間地から下る河川がしばしば水害や土砂災害を引き起こします。そこはまた歴史と民俗の宝庫です。熊野三山（本宮大社・速玉大社・那智大社）のほか「お綱掛け」神事がある花の窟《いわや》（三重県熊野市）、「御燈祭《おとうまつり》」で有名な神倉山（新宮市）、「火祭り」の舞台である那智の滝（那智勝浦町）、本州最南端の潮岬（和歌山県串本町）など見どころがたくさんあります。

熊野は古《いにしえ》から現代に至る祈りの道、熊野古道でも知られています。奈良県の吉野・大峯、和歌山県の高野山と熊野三山を結ぶ参詣道は二〇〇四年七月にユネスコの世界遺産（文化遺産）に登録されました。内陸は山また山、海辺は太古の火山活動がもたらした山塊が太平洋に突き出し平地はわずかしかない。そんな熊野の風景は荒々しくも、人をだき抱え癒《いや》す優しさをもっております。

アイルランドは面積が約七万平方キロ、人口は約四百六十万人のこじんまりした島国です。八割以上がカトリック教徒で、プロテスタントが多い北部の英国領北アイルランドでは、凄惨な抗争が続いたことはみなさんご存じでしょう。

アイルランドは長らく英国の支配を受け、戦後の一九四九年に英連邦を離脱、共和国になりました。国民は英国に対して複雑な思いを抱いており、自分たちのよりどころを確認するかのように、ケルトの言葉ゲール語が道路や観光地の標識に掲げられています。反英感情の一端は本文でも触れますが、それは熊野人《くまのびと》の反骨精神と一脈通じるものがある、と私は思います。

一方、スコットランドは英国を構成する地域のひとつです。英国（連合王国）はイングランド・スコットランド・ウェールズ・北アイルランドから成っています。スコットランドの人口は約五百三十万人、面積は七・八万平方キロ。英国全体のそれぞれ八％強、三分の一を占めています。

スコットランドは独立王国でしたが一七〇七年にイングランド王国に併合され、その一地域となりました。スコットランド、とりわけハイランドと呼ばれるその高地や西岸の島々は、アイルランドと同様にケルトの香りが残る地域です。スコットランドの対イングランド意識は二〇一四年九月の住民投票や翌年五月の総選挙に表われました。

では私が学んだ熊野の歴史を縦糸にドライブ旅行を横糸にして紡いだ作品を、しばしお楽しみください。

常世の国と常若の国――プロローグ

熊野に暮らして、ケルトに興味を持つようになった。ケルトは武力ではローマ帝国、思想ではキリスト教が席《せっ》捲《けん》する以前にヨーロッパ大陸に広く展開し、「ヨーロッパの基礎」を築いた民族である。ローマの軍勢や南下したゲルマン民族に追われ、いまや大陸の西端やブリテン島、アイルランド島、フランス北西部のブルターニュ半島などにその言語や文化の痕跡を残すのみとなった。アイルランドやスコットランドのケルト文化は、「大陸のケルト」とは区別されて「島のケルト」と呼ばれている。

私が「島のケルト」を調べてみようという気になったきっかけは、古代史を学ぶ一人としてケルト神話の本をひもといたことだった。アイルランドに伝えられる神話によると、ケルト人は海の彼方に食物がたわわに実り、不老不死の楽園「常若《とこわか》の国（ティル・ナ・ノーグ）」があると信じた。

熊野の古代人も海の彼方に豊穣《ほうじょう》と再生の理想郷「常世《とこよ》」があると信じていた。「常若の国」と「常世の国」。ユーラシア大陸の西と東に位置するヨーロッパと日本、さらにその辺境の島々と本州の辺境の熊野に、似たような観念があったのはなぜだろうか。

そんな興味で「島のケルト」に分け入ると、「メキシコ湾流と黒潮という世界最大級の暖流が沖を流れている」「女神が幅を利かせていた」「キリスト教や仏教など世界宗教の受容の仕方に特徴がある」などの共通項があるではないか。またともに海外移住や出稼ぎが盛んだった歴史があり、外に対して開かれた体質を有しているようにも思われる。

宗教哲学者鎌田東二氏とケルト美術の専門家鶴岡真弓氏の編著に『ケルトと日本』（角川選書、二〇〇〇年）がある。ケルト神話に詳しい井村君江氏や、「地球交響楽」（ガイア・シンフォニー）をつくった映画監督龍村仁氏らも執筆した、示唆に富んだ本だ。それを読んで、『ケルトと日本』の対象をさらに絞り、「島のケルトと熊野」の共通点や相違点を探ってみたい。そう思うようになった。

それにはまず現地を訪れ、いまに残るケルトの香りを嗅ぎ、空気を肌で感じてこなければならない。そんなわけで、二〇一三年と翌年の六月に、アイルランドとスコットランドを夫婦でそれぞれ三週間ばかり、レンタカーでドライブをしてきた。六月を選んだのは日が長く、気候も良くなるし、観光シーズン前で混まないだろうと考えたからである。

私は一九八〇年代前半、新聞社の経済記者としてロンドンに駐在していた。お隣の国アイルランドにはいつでも行けると思っていて機会を逸した。それで今回が初めての旅になった。英国領の北アイルランドでは、カトリック・プロテスタント両派の和解が進んで治安も良くなったため、北アイルランドも含めてアイルランド島の海沿いを一周し、アランセーターで有名なアラン諸島にも渡った。

スコットランドへは過去に何度か行ったことがあり、古都エディンバラ近郊の村に数か月滞在した経験もある。しかし西側に浮かぶヘブリディーズ諸島は訪れたことがなかった。今回の旅で、ルイス島、スカイ島、マル島、アイオーナ島、アラン島など多くの島々へ大小のフェリーで渡ったのは、ケルトゆかりの地を旅してきた武部好伸氏の『スコットランド「ケルト」紀行』（彩流社、一九九九年）で、ヘブリディーズ諸島にケルトの痕跡が多く残されていることを知ったからだ。

一度や二度の、それも車で走り回った程度で何かがわかるわけではあるまい。そのうえ文字の記録を残さず、自らが築いた遺跡も少ないケルトは、その思想や文化を先史時代の先住者の遺跡や初期キリスト教修道僧らの作品などから、かろうじてうかがい知るしかないのである。

それでも、町の中心や教会の墓地などに建つハイクロス（円環と十字を組み合わせた背の高い石造の十字架）や、アイルランドの至宝である「ケルズの書」（西暦八百年頃につくられた装飾福音書）の躍動する渦巻き模様などに接すると「百聞は一

アイルランドの首都ダブリンの近郊、モナスターボイスにあるハイクロス。聖書の物語が描かれている

見に如《し》かず」を実感する。「ケルズの書」は首都ダブリンにあるトリニティー・カレッジの図書館で公開されており、長い列ができていた。

少しでも現地の人たちと接したいと、宿泊はもっぱらB&B（ベッド・アンド・ブレクファスト。朝食付き民宿）にした。B&Bに興味のある方は「あとがき」を読んでほしい。

スコットランドは三か月後（二〇一四年九月十八日）に迫った独立の是非を問う住民投票を前にして、宿の主人や客の賛否も様々だった。世界が注目した結果は「独立にNO」だったが、投票総数の四五%、百六十一万票もの賛成票を集めたことは、スコットランドが「ケルトの国」であることを感じさせた。

大陸のケルトと島のケルト

「ケルト」と聞いて、みなさんは何を思い浮かべるだろうか。

サッカーファンは、スコットランドで人口が一番多い都市グラスゴーを本拠とする人気チーム「セルティック（Celtic）」の名を挙げるだろう。セルティックは「ケルト人の」「ケルト語の」という意味だ。

装飾やデザインに興味のある人はケルト独特の渦巻き模様や組みひも模様を語るかもしれない。どこが始まりでどこが終わりかわからない、じっと見つめるとその中に吸い込まれてしまいそうな不思議な模様である。

ケルト美術に詳しい鶴岡真弓氏は、その渦巻き模様、組みひも模様について「循環的で、複数のものを抱きこんで、どこまでもエンドレスに、生命的に、どんどん飛翔《ひしょう》していくかたちだということを言ってきましたが、逆にいえば、それは出口がないことなんですね」と語っている。（鎌田東二、鶴岡真弓編著『ケルトと日本』）

二〇一四年四月に聴いたNHKのラジオ深夜便で、鶴岡氏がラーメンからナルトがなくなったのを嘆いていた。鳴門巻は、円形の断面に紅色の渦巻き模様が入った蒲鉾《かまぼこ》で、鳴門海峡の渦潮にちなんでその名が付けられたという。彼女にとっては身近な「ケルト模様」なのだろう。

ケルト人はヨーロッパの根底をなす文化をつくった。紀元前六百年頃に、古代ギリシャ人が西方ヨーロッパに住む異民族を「ケルトイ」と呼んだ。それがその存在が知られた始まりという。

ケルト人の原郷ははっきりしないが、紀元前九百年頃にアルプス以北のヨーロッパ中央地域に登場し、その後の五百年ぐらいの間に各地へ散っていったとされている。

彼らは文字を持たず、まとまった帝国も築かなかった。しかし鉄製の武器を備える兵士を有し、一時はローマに攻め入ったこともあった。その勢力は紀元前三、四世紀に頂点に達した。

だがその後、ローマ軍やゲルマン民族に追われて、ヨーロッパの西へと移動していった。紀元前五十年代のローマとケルトの戦いを記録したのが、カエサル（ジュリアス・シーザー）の『ガリア戦記』である。

ケルトはしばしば「大陸のケルト」と「島のケルト」に分けて語られる。

「大陸のケルト」は、東は黒海から西はフランス、スペインまで広くヨーロッパ大陸で活躍したケルト民族とその文化をさす。

ケルトの古代文化が世界的な注目を集めたのは、十九世紀の中盤にハルシュタット遺跡が発掘されてからである。ハルシュタットはオーストリア・ザルツブルグ近郊の湖畔の保養地だ。

そこは古くから岩塩の産地だった。塩山の管理者が古代の墓を見つけたのがきっかけで、合計九百八十もの

石に彫られたケルトの渦巻き模様（エディンバラ博物館）

墓、腕輪・短剣・ブローチなど一万九千を超す副葬品が出土した。そしてそこが初期ケルト文化の中心地であることが確認された。

ケルト人は岩塩の産地と地中海沿岸とを結ぶ交易路を押えていたのであろう。ハルシュタット文化は青銅器時代末期から始まり、鉄器時代の紀元前八世紀から同六世紀に活況を呈した。

ハルシュタットに次いで、スイスのヌーシャテル湖北岸のラ・テーヌからも大規模なケルト遺跡が発掘された。ラ・テーヌは鉄器時代後期（紀元前五世紀から同一世紀頃）の遺跡で、その文化はハルシュタットより洗練され、より広い交易を物語る。鶴岡氏は「ラ・テーヌ文様の命は渦巻く『線』にある。前時代の直線的で素朴な幾何学模様から大きく前進し、生命力を彷彿《ほうふつ》とさせる『曲線』が追及されるようになった」と解説している。（鶴岡真弓・松村一男著『図説　ケルトの歴史』

スコットランド・ハイランドの風景。眼下はフォート・ウイリアムの町

河出書房新社、一九九九年）

これらヨーロッパ大陸に広がったケルト人を「大陸のケルト」と呼ぶのに対して、ブリテン島やアイルランド島に渡ったケルト人やその文化を「島のケルト」と呼ぶ。ケルト人が島々に移住した時期はよくわからない。紀元前五、六百年頃ともいわれている。

「島のケルト」は「大陸のケルト」ほど古い歴史を持たず、その範囲も狭い。だが「島のケルト」には大きな特徴がある。それはローマ帝国の支配や影響が比較的小さかったことである。

ローマはブリテン島に侵攻したが、その支配地はおおむね今のイングランドにとどまり、スコットランド北部のハイランド地方や西部のヘブリディーズ諸島には及ばなかった。紀元後四十年代からブリテン島に進出したローマ軍だが、本国は東西ローマの分裂など混乱が続き、辺境の島に関わっている余裕がなくなった。このため五世紀の初頭にブリテン島から撤退する。

一方、アイルランドは一度もローマの直接支配を受けなかった。北方のヴァイキングの攻撃はたびたびあったものの、ローマ帝国の版土にならなかったことはケルト色を今に残す一因となった。

加えて、後に詳しく述べるように、アイルランドではキリスト教の布教が、土着の信仰を巧みに取り込む形で行われた。こうした事情から、ヨーロッパの一番端の「島のケルト」が、ケルト文化やその信仰、言語（ゲール語）などを大陸より色濃く残す貴重な地域となったのである。

通じ合う熊野とケルト

私が「島のケルト」、すなわちアイルランドやスコットランドに関心をもったきっかけは、プロローグで述べたようにアイルランドに伝わるケルト神話に「常若《とこわか》の国（ティル・ナ・ノーグ）」という観念があることを知ったことだ。

伊勢神宮でも「常若」が語られるが、これは二十年に一度の式年遷宮で「古きものを保ちつつ、いつも若々しく、よみがえっていく」といった意味であろう。海の彼方に理想郷があるというケルト人の観念は、わが国古来の「常世《とこよ》」を憧《あこが》れる気持ちに近い。

「常若の国」はケルト人の「異界観」や「あの世観」を象徴するもので、これから何度も触れることになると思う。

古代、アイルランド島に到来した種族の中で、ケルト神話の中心となるダーナ神族がつくったのが「常若の国」だ。ダーナ神族はアイルランド人の祖先となったミレー族に敗れる。彼らは海の彼方や地下に逃れ、そこに彼らの理想郷をつくったとされる。

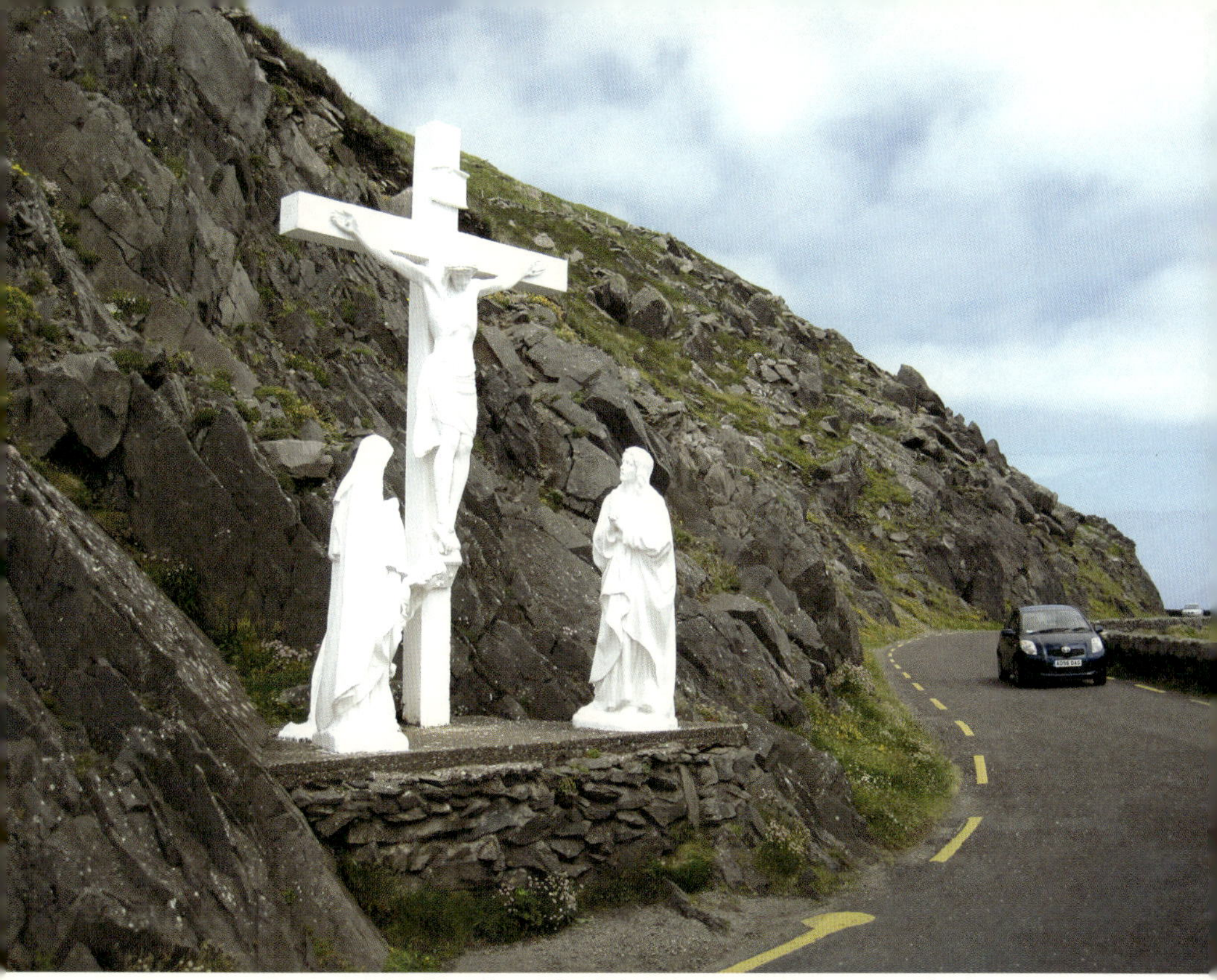

アイルランド南西部、ディングル半島先端にある白亜のキリスト像

「常若の国」を求めて後世の騎士が船出した話は、わが国の浦島太郎の物語とそっくりだ。また、遺跡の地下などの異界からは今も時々、ダーナ神族の生き残りである妖精が姿を現す。「島のケルト」はそのように現世《うつしょ》と隠世《かくりよ》が併存するところでもある。私はそこに、柳田國男が『遠野物語』で描いた幻想的な郷《さと》を思い起こした。

熊野灘沿岸に暮らした古代人も、海の彼方に死と再生、そして豊穣《ほうじょう》の異界「常世」があると信じた。大国主神《おおくにぬしのかみ》を助けて国づくりを進めた小さな神、少彦名命《すくなびこなのみこと》は仕事を終えた後に常世の国に向かう。『日本書紀』は「少彦名命、行きて熊野の御碕《みさき》に至りて、遂に常世《とこよの》郷《くに》に適《いでま》しぬ」と記す。

紀伊半島の一番南、すなわち本州の最南端

である和歌山県串本町の潮岬に潮御崎《しおのみさき》神社が鎮座する。小さな神様はそこから常世に旅立ったと言い伝えられてきた。神社の祭神はもちろん少彦名命である。

熊野と常世の関わりはそこだけではない。神話によれば、日向から東征に旅立った神日本磐余彦《かむやまといわれびこ》（神武天皇）は熊野上陸の直前に嵐の海で二人の兄を失う。そのひとり三毛入野命《みけいりののみこと》は「私の母と伯母《おば》は海神《わたつみ》なのに、なんで溺れてしまうのか」と恨み、波頭を踏んで常世国に旅立ったという。天孫降臨した瓊瓊杵尊《ににぎのみこと》の子（山幸彦）は海神の娘豊玉姫《とよたまびめ》と結ばれる。生まれた子が母の妹の玉依姫《たまよりびめ》を娶《めと》って生まれたのが神武兄弟だから「母も伯母も海神なのに」と嘆息したわけだ。

常世の思想に仏教の観音信仰が重なると、南方海上にある観音浄土で永遠の生命を得ようという思想が育った。那智の浜からその聖地への船出が補陀落渡海《ふだらくとかい》である。

観音菩薩が住むところは中国の長江（揚子江）河口沖にある舟山群島の普陀《ふだ》山とも、南インドの海岸の地ともいわれた。小舟で江南やインドにたどり着けるはずはないから、極楽浄土をめざす入水行《じゅすいこう》であり入滅行《にゅうめつこう》であった。

ヨーロッパの西のはずれとアジアの東のはずれに、「常若の国」と「常世の国」という似たような名の理想郷があることは興味深い。

羊のお通り（スコットランド・アラン島で）

島のケルトと熊野にはほかにも共通点がありそうだ。たとえば女神である。

熊野は女性原理が支配するところで、イザナミノミコト（『古事記』伊邪那美命、『日本書紀』は伊奘冉尊と表記）への信仰が厚い。その一方で、イザナミの夫君のイザナキノミコト（伊邪那岐命、伊奘諾尊）はどことなく影が薄い。私は拙書『イザナミの王国　熊野』（方丈堂出版、二〇一三年）でそう書いた。

島のケルトも同じだ。アイルランドの神話には女神、地母神がたくさん登場する。そこではキリストの母のマリア信仰、そのまた母といわれる聖アンナへの信仰が深い。アイルランドの古名「エリン」も地母神エリゥに由来する。

自然物への信仰、とりわけ樹木信仰があるのも熊野と似通う。ケルトは森や大木を神聖視し、オークの木の下で、それに寄生するヤドリギを使って祭祀《さいし》を営んだ。後に述べ

花の窟のお綱掛け神事。イザナミを祀る大岩の窪みの前で、女児が舞を奉納する

るように、オークは日本でいうとカシ（樫）というよりカシワ（柏）に近い木である。またイチイ（一位）はケルトでも熊野でも聖木だった。

私が熊野に惹《ひ》かれた理由のひとつは、そこが仏教伝来以前の信仰の様相をよく残している地だからである。熊野には磐座《いわくら》（大岩）、滝、大樹などへの崇拝が根付いており、仏教とそれより古い神祇《じんぎ》信仰や山岳信仰との融合が、ごく自然に行われてきた。

五、六世紀頃、アイルランドやスコットランドにキリスト教を布教した聖人たちは、ヨーロッパ大陸であったように土着の信仰や神々をただ抑圧したり排除したりせず、それとの融合を図った。そのあたりの折り合いの付けかたも、どことなく熊野に似ている。

今なお新鮮な梅棹忠夫説

世界地図を開いてみる。

ユーラシア大陸の西と東に、ヨーロッパと日本列島がある。ヨーロッパのさらに西のはずれにある島国がアイルランドと英国だ。そして熊野は、本州の南端、紀伊半島が太平洋に突き出したところに位置している。

熊野という地名は「クマ」と「ノ」からなる。「ノ」は野だろうが、「クマ」については諸説ある。①熊・神を表わす朝鮮語「コム」に由来する②神武東征伝承に出てくる動物の熊③クマ＝神に捧げる供物のこと④クマ＝隅、隈で奥まった所や入りくんだ所を表わす、などだ。私は都から遠く、曲がりくねった山道を延々と歩かなければたどり着けない場所ということで、「クマ＝隅、隈」説にひかれる。

ローマの軍勢やゲルマン民族に追われ、ヨーロッパ大陸を西へ西へと進み、海を渡った「島のケルト」が定着したところも「隅っこ」だった。アイルランドやスコットランドはヨーロッパの「クマノ」なのである。

両者のトポス（場所）を眺めていて、生態学・民族学者である梅棹忠夫《うめさお》の著書『文明の生態史観』（中央公論社、

アイルランド西部のモハーの断崖。この先は大西洋だ

一九六七年）を思い出した。一九五七年二月に「中央公論」誌上に掲載された同名の論文は、それを補強する一連の論文（「新文明世界地図」「東南アジアの旅から」）と併せて学会に衝撃を与えた。当時流行だったマルクス史観や、世界を「西洋と東洋」「ヨーロッパとアジア」に分ける見方に真っ向から挑んだからである。

いまや古典の部類に入ったこの名論文のさわりを著者自身に語っていただこう。『文明の生態史観はいま』（梅棹忠夫編、中公叢書、二〇〇一年）の中の「海と日本文明」と題する講演を要約した。

（「文明の生態史観」は）アフリカとヨーロッパとアジアをひとまとめにしたアフロ・ユーラシア大陸、つまり旧世界の構造についてのひとつの見方です。アフリカの中部からアジアの南西部、中央アジアを通って北東アジアに突き抜ける巨大な乾燥地帯が走っています。中央地帯は砂漠で、その両側には広大なステップと呼ばれる草原があり、ステップをはさんだ東西にそれぞれ肥沃な農耕地帯があります。乾燥地帯には遊牧民がおり、繰り返し豊饒《ほうじょう》な農耕地帯に出撃し、農耕地帯は壊滅的打撃をこうむりました。中国、インド、東ヨーロッパ、イスラーム諸国までみなそうでした。

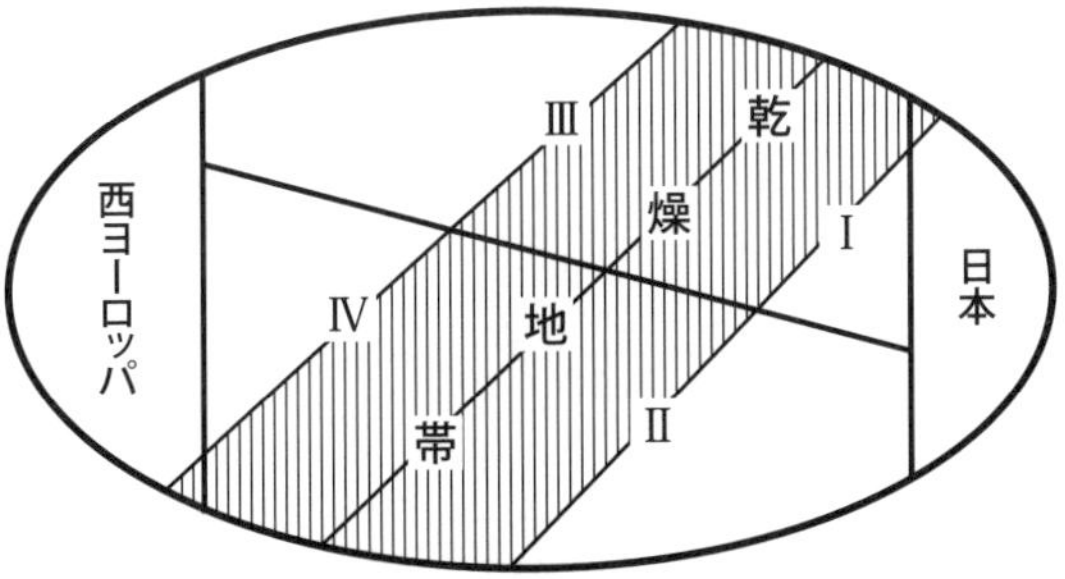

ユーラシアの模式図（『文明の生態史観』から引用。Ⅰは中国世界、Ⅱはインド世界、Ⅲはロシア世界、Ⅳは地中海・イスラム世界）

　それに対して、砂漠の暴力が及ばなかった地域がふたつあります。それはユーラシア大陸の両側の地域です。西の端にあるのが西ヨーロッパで、東の端にあるのが日本です。西ヨーロッパと日本は生態学的に共通の状況におかれて、歴史的に並行的な道をたどることができたのです。私はこのふたつの地域、日本とヨーロッパを「第一地域」と名づけました。あとはすべて「第二地域」です。

　梅棹によれば、中国、インド、ロシア、イスラムなど古典的大陸国家はすべて「第二地域」で興亡を繰り広げ、西ヨーロッパと日本だけが近代国家になることに成功した。（図）

　ユーラシア大陸を俯瞰《ふかん》したスケールの大きさ、「アジアはひとつ」「脱亜入欧」といったドグマを打ち破り「日本はアジアではない」と断言した大胆

スコットランドのキンタイア半島とアラン島を結ぶ小さなフェリー

さ、「封建制→資本主義→社会主義」と発展すると説いた唯物《ゆいぶつ》史観への強烈なパンチ……。「文明の生態史観」は発表から六十年近く経った今読んでも新鮮さを失っていない。

ケルト民族とその文化は「ヨーロッパのルーツ」「ヨーロッパの基礎」などと呼ばれている。ドナウやライン川の流域にいたインド・ヨーロッパ語族の人びとが各地に散り、その勢力は「キリスト教以前」のヨーロッパを広く覆ったからである。

ケルト人の中でも、アイルランドやスコットランドに住み着いた「島のケルト」は「大陸のケルト」ほどローマ帝国やゲルマン民族の攻勢や影響を受けなかった。そこではまたキリスト教とケルトの信仰が独自の融合をみせた。つまり、梅棹がひとくくりにした「西ヨーロッパ」の西端に文化と信仰の「古層」を残したのである。

熊野も似たところがある。古代文化・文明が中国から朝鮮半島を経由して入ってくる通り道にあたった北九州、瀬戸内海、山陰から遠く、飛鳥・奈良・京都など古代の王都からも離れていた。梅棹が「西ヨーロッパと並行的に進化、発展した」とする日本の中で、西日本にありながら地理的にも権力中枢からの距離という面でも外れた場所に位置してきた。

宗教哲学者の鎌田東二氏は、日本列島とアイルランド・ブリテン島をユーラシア大陸の両岸にある「二つの耳」と形容している。(『ケルトと日本』の中の鶴岡真弓氏との対談)「文明の生態史観」が取り上げた「第一地域」(西ヨーロッパと日本)をさらに区分けして、それぞれの端に位置する地域の有り様を掘り下げてみると、いろいろ興味深いことが浮かび上がってくる。

双方に流れる優しい空気

これからいくつか項目を立てて「島のケルト」と熊野の共通点を探っていくが、せっかく梅棹忠夫から入ったので、ユーラシア各地を歩き回り調査した彼の鋭い視線の一例を紹介したい。世界各地の神が他の神に示す「寛容さの程度」は土地によって異なる、という一文である。その要旨は次の通りだ。

神様たちの気質は土地土地でかなりの違いがある。神様は唯一神であれ、多数神であれ、その土地で閉じられた体系をつくる自己完結的なものだ。だから体系外の神々がそばにいることを許さないのが本来の性格である。しかし世界を見渡すと、各地の神様が他の神様に対して示す寛容さの程度には、かなりの違いがあるように見える。同じ仏教でもビルマやタイの社会における仏教の支配力と日本におけるそれとは比較にならない。モンゴル仏教は（日本と同じ）大乗仏教だが、はるかに排他的だ。

キリスト教でも、イギリス、ドイツ、フランス、アメリカあたりの神様はポーランドやハンガリーの神様より嫉妬を失ってていはしまいか。

なぜ神様の気質にそんな違いができたか。（論文「文明の生態史観」で分類した）「第一地域」すなわち日本や西ヨーロッパでは聖と俗の権力の分離が早く起こった。これに対して（ユーラシア大陸中央部の乾燥地帯とその両側の農耕地帯など）「第二の地域」ではたとえばロシアのツァーはギリシャ正教の首長であり、トルコ帝国のスルタンはイスラム教の教主であったように、精神界の支配者と俗界の支配者がずっと後世までくっついている。諸帝国が没落した後までも、それぞれの土地神のこういう気質の違いが維持されているという見方はできまいか。（『文明の生態史観』中央公論社、に収録された論文「新文明世界地図」より）

西ヨーロッパでも、キリスト教とイスラム教の「文明・文化の衝突」は今日まで続いている。また北アイルランドで最近までカトリック系とプロテスタント系が血で血を洗う闘争をしたようにキリスト教内の近親憎悪もときに激しいから、事態はそう単純ではあるまい。

そんななかで、アイルランドの初期キリスト教の指導者は土着の信仰や神々を力ずくで排除することを避けて、それらをうまく取り込んで布教を進めた。それが「ケルト風キリスト教」という独自の宗教文化、宗教美術を生んだ。カトリックの本山・ローマからの「距離」も影響したことだろう。

熊野もそうである。熊野本宮大社の四月の例大祭を初めて見学したとき驚いた。渡御祭《とぎょ》では、本社から旧社地である熊野川の中洲（大斎原《おおゆのはら》）へ神輿《みこし》を中心とした行列が向かう。締めくくりに大斎原で男児の大和舞や女児の巫女《みこ》舞が奉納されるが、粛々《しゅくしゅく》と進む神事のすぐ後ろで、修験者たちがもうもうと煙を上げて護摩《ごま》焚《た》きをしているのだ。

本宮大社例大祭の当日、大斎原で行われる護摩焚き

神道と密教・修験道、祝詞《のりと》と読経が混在するさまを上から見守るように、「南無阿弥陀仏」の文字（名号《みょうごう》）を刻んだ一遍上人の石碑が建つ（百六十七ページに写真）。熊野の神仏習合を象徴する場面がそこにあった。それらがまた違和感なく存在しているから不思議である。

　体系の異なる宗教、違う信仰を頭から排除せず、上手に取り入れた。そんな土地にはどこか似通った雰囲気、空気があるのではなかろうか。

　二〇一〇年秋に熊野に移り住んで以来、その「やさしく、やわらかい空気」が気に入り、どうしてそう感じるのか考えてきた私は、アイルランドやスコットランド行きに際して、できるだけ旅先の空気を感じ取ってこよう

スコットランド・アイオーナ島で出会った犬とおじさん

と思った。

もとより私が感じる空気だから、ふわっとしたものだし、理屈で説明もしにくい。それでも旅を終えて熊野に戻ると、「島のケルト」と熊野に流れる空気、そこに漂う雰囲気にどことなく似たものがあるように思えてならない。

直感でお話しするのを許していただけるなら、アイルランドやスコットランドで風景や人々に接していると緊張感が解けて「ほっと」するのである。メキシコ湾流の上を流れる偏西風が運ぶ湿り気のある大気がそうさせるのかもしれないが、その背後に、強者に苦しめられた歴史が生んだ他者や旅人への「やさしさ」といった心根があるのではなかろうか。

私は一九八〇年代前半に、ロンドンで経済記者として仕事をしていた。イングランドの人びとは総じて物静か、穏やかである。見ず知らずでも、ホテルの食堂やエレベーターで目が合うとにっこりする。アメリカ人のように身振りも交えて気さくに話しかけてきたりはしない。その「控え目な距離感」が好きだった。

それはイングランドの落ち着きや心地よさの理由のひとつでもある。「頼まれればやるけれど、こちらから出しゃばって余計なことは（親切も）しない」といった自制が効いているのだ。

夏休みは小さな子を二人連れて、毎回、地元の旅行社が企画するパック旅行に加わった。他の客はイギリスの老夫婦が多かった。外国人は私たち一家だけという場合、みんな興味はあるのだろうが、最初の数日は誰も話しかけてこない。でも何かのきっかけで会話が始まると、あちこちから声がかかる。いかにもイギリスらしい経験だった。

それが、アイルランドへ渡るとまたちょっと異なるのである。

司馬遼太郎が見た道路標識

ひと月足らずの駆け足旅行で、決めつけるわけにはいかないものの、アイルランドやスコットランドでふれあった人たちにはイングランドと一味違う何かがあった。「押しつけがましくない程度の積極性」とでもいおうか、そんな雰囲気で接してくれたのである。

アイルランド南東の港町ウェックスフォードに向かって車を走らせていた時のことだ。近くに庭園が美しいジョンズタウン城があると案内書にあったので、訪れてみることにした。

しかし、一枚地図しか持っていないこともあって、なかなかたどり着けない。困ってしまい道端の小さなスーパーに寄り、店を出てきた老婦人に尋ねた。そうしたら「私の車についてらっしゃい」と田舎道を何度か曲がって当の城まで先導してくれた。

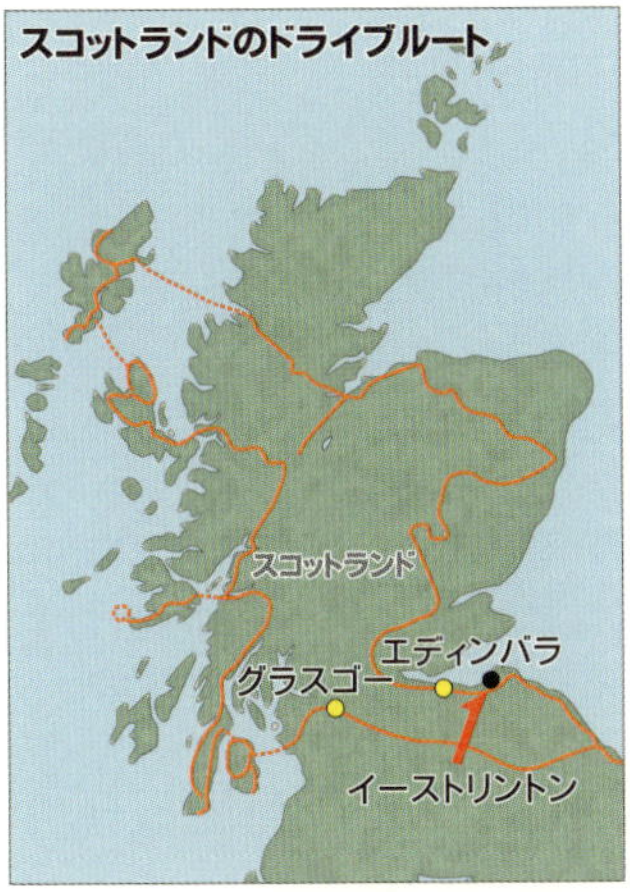

昔、私がしばらく住んでいたイーストリントン。下宿先の一家は、もういなかった

スコットランドでは、三十七年ほど前に数か月下宿していた家を訪ねて驚かせようと思った。下宿の夫婦と再会すれば「お互い年を取ったなあ」となるだろう。

エディンバラ近郊のイーストリントン。私が去る直前に同じ村内で移転した先はよく覚えていない。でも小さな村だからすぐわかると踏んでいたが、目抜き通りの店をいくつか回って尋ねても、家主夫婦の名前や三人いた女の子の名前を告げてもわからない。都会への通勤圏で、近年は人の出入りも多いという。どこかに引っ越したのだろう。

イーストリントンで生まれ育ったという喫茶店のおばあさん、喫茶店に来ていた初老の男性、薬局の女主人らが、電話帳を繰ったり、知人に電話してくれたり、総出で親身に探してくれた。

この程度の親切は旅先で出会うかもしれない

が、手助けの風情というか、そのしぐさが自然で心がこもっていたのがうれしかった。

アイルランドは長らく英国の支配を受けた。十九世紀半ばのジャガイモ飢饉《ききん》ではたくさんの餓死者・病死者を出し、多数の人が食い詰めて故郷を離れた。その数は百五十万人とも二百万人ともいわれている。

スコットランドでも一七〇七年のイングランドとの統合以来、「南に牛耳《ぎゅうじ》られてきた」という意識があり、その分、二〇一四年九月十八日に実施された独立を問う住民投票は盛り上がった。経済面への不安などから独立賛成派は敗れたものの、イングランドへの対抗心は今後も衰えることはあるまい。

アイルランド、スコットランドに共通する「強いもの、支配してきたもの」への反発が、通りすがりの外国人に自然な形で手を差しのべる「やさしさ」「温かさ」につながっているのだろうか。

アイルランドでは土着の神々は妖精（シィ）の形で今の世に生き続け、人びとに愛されている。キリスト教の布教が始まったとき、ヨーロッパ大陸で起きたように古い神々を抹殺したり、追放したり、悪魔や鬼に変えたりしなかったからである。古い信仰や土着の神々が「放置」され「共存」できたことも、空気を和らげる要因のひとつかもしれない。

一九八七年にアイルランドを旅した司馬遼太郎は、南西部の山道で変わった体験をした。道端に「LEPRECHAUN CROSSING」（レプラコーンの横断に注意）と書いた道路標識が立っていたのである。

平坦地の多いアイルランドの道にトンネルはなかったが、「緑のトンネル」はあった
（ダブリンの南方で）

レプラコーンはアイルランドの妖精の代表格で、小さな老人の姿をしており、仕事は靴職人だ。金を貯めこんでいるとか、地下の黄金のありかを知っているとかいう噂だが、なかなかつかまらない知恵者でもある。この妖精が人気者であることは、ダブリンの街中にある伝説や伝承をテーマにした博物館の名称が「国立レプラコーン博物館」ということでわかる。

司馬さんは『街道をゆく』のアイルランド編でその標識のさまをくわしく記している。

四メートルほどの高さの鉄製のふといパイプが、黒と白のペンキで塗られていて、地面の穴にさしこまれている。パイプの先に矢羽《やばね》型の黄色い標識板がとりつけられていて〝レプラコーン・クローシング〟と書かれていた。文字とともに、小人の絵も描かれていた。ふつう、レプラコーンの型は、みにくくて可愛げのない老人の姿だが、この標識ではサンタクロースのようにやさしげに描かれている。本来、黒褐色のいやらしい帽子のはずが、この絵ではよくある小人の赤い帽子である。それが急ぎ足で駆けている。（街道をゆく31『愛蘭土紀行Ⅱ』朝日文庫、一九九三年）

当時彼らの車が通ったのは、キラーニーという湖のほとりの町と、南のケンメアという町を結ぶ峠道だった。私たちは同じ道をケンメアから走ったが、その時は霧が深く、標識も何も見えなかった。

私の住んでいる熊野市波田須町に通じる国道には「シカ飛び出し注意」の道路標識がある。実際、道端から大きな鹿が飛び出してあわててブレーキを踏んだ経験がある。夜はライトで足がすくむのか、道の真ん中で止まってしまうこともあるから運転に気を使う。

とはいえ、熊野でも「河童飛び出し注意」とか「一つたたら横断中」といった標識はない。後者は昔、那智山を荒らして退治されたという一眼一足の怪物だ。山中で製錬をした「たたら師」たちの神だったのだろう。

アイルランド人の遊び心、古い神々を大事にするそのやさしさに乾杯。

「何でもあり」の熊野は心地よい

貧者・病者・女人、だれかれとなく受け入れる。それは熊野三山の懐《ふところ》の深さを表わす。熊野の神仏の「心の広さ」「やさしさ」「おおらかさ」としてよく語られるが、裏を返せば「何でもあり」である。

一二二一年の承久の乱（後鳥羽上皇《じょうこう》が鎌倉幕府討幕に失敗した事件）で上皇側についた熊野の勢力は荘園を失うなど大打撃を受けた、参拝客の選り好みなどしていられない、という経済的な理由もあったろう。でも「ごった煮」のようなその「なんでも、だれでもＯＫ」が私は好きだ。「純粋」な世界が人に強いるある種の緊張感、圧迫感とは対極の「ごった煮の心地よさ」が熊野の魅力のひとつなのである。

熊野と伊勢を比べてみよう。伊勢神宮はシンプルですがすがしく、美しい。これはすべての人が認めるところだ。神宮はその純粋さ、清浄さを保つために、穢《けが》れを排すとともに、仏教という外来の宗教と距離を置こうと努めてきた。

それはたとえば、伊勢神宮に伝わる忌詞《いみことば》に示されている。律令制度の施行細則を定めた『延喜式《えんぎしき》』には神宮や

北アイルランドのマウント・スチュアートは庭園が有名。シャクナゲが美しかった

神に仕える斎王が暮らす斎宮《いつきのみや》の「内外七言」の忌詞が記されている。使ってはならない言葉を列挙したもので、仏・経・僧・死・血・墓などが禁忌《きんき》とされた。仏は中子《なかご》、経は染紙《そめかみ》、塔は阿良良岐《あららぎ》、寺は瓦葺《かわらぶき》、僧は髪長、尼僧は女髪長、死は奈保留《なおる》、病は夜須美《やすみ》、血は阿世《あせ》、墓は壌《つちくれ》、などと言い換えよ、というわけだ。（「延喜式巻第五　斎宮」、『交替式・弘仁式・延喜式　前編』吉川弘文館、一九七四年）

もちろんものには建前と本音がある。文治二年（一一八六年）、東大寺の高僧・重源《ちょうげん》に率いられた僧が伊勢神宮に集団参拝し、神宮側もそれを歓待した。また個人的には神主たちも死後の安楽を願って朝熊山《あさまやま》に経を納めたりしたという。（矢野憲一著『伊勢神宮』角川選書、二〇〇六年）

それでも、皇祖神の天照大神《あまてらすおおみかみ》を祀り、五穀の豊穣《ほうじょう》を祈る聖地として、神宮が神祇《じんぎ》の世界を守り、その純

粋さ清らかさを求めてきたことは間違いない。

それに対して熊野は「だれでも歓迎」の世界で、その混沌さが魅力の源泉でもあった。明治新政府の神仏分離令以降、熊野三山は「カミの国」となったが、それ以前は神仏習合・神仏混淆《こんこう》、それも「ホトケ優位」の世界だった。

本地垂迹説《ほんじすいじゃくせつ》は「本地である仏が仮の姿となってこの世に現れ衆生《しゅじょう》を救う」という考えに立つ。本宮大社の主祭神・家津御子《けつみこ》大神の本地は阿弥陀如来、速玉大社の主祭神・速玉大神の本地は薬師如来、那智大社の主祭神・夫須美《ふすみ》大神の本地は千手観音だ。上皇や法皇《ほうおう》から庶民まで、熊野詣の人びとは本宮に阿弥陀浄土、那智山に観音浄土を観想し、現世や来世の幸せを祈った。

時宗の開祖一遍上人は、熊野の山中で念仏札の受け取りを拒否された。布教に迷いを抱えたまま本宮を参拝した一遍は、夢に現れた熊野権現から「信不信をえらばず、浄不浄をきらわず、その札を配るべし」と告げられた。「阿弥陀仏はすべての人びとを極楽に導く。自分のはからいで人びとを救えるというのは、おこがましい考えだ」と諭され、もやもやが晴れたという。

小栗判官の物語は中世から今日まで親しまれ、熊野の名を全国に知らしめた。

東国で照手姫と恋仲になった小栗は照手の父の怒りを買い、毒酒で殺される。閻魔《えんま》大王によって餓鬼阿弥の姿で娑婆《しゃば》に戻された小栗は土車《つちぐるま》に乗せられ、人びとの協力で本宮に近い湯峯《ゆのみね》に運ばれる。そして温泉の霊力で蘇生する。

この物語を生み育てたのは、家も郷里も捨て、いちるの望みをかけて熊野にやってきた多くの病者や貧者だった。湯峯には大正時代のはじめまでハンセン病患者を泊める「みどり館」という宿があった。

和泉式部《いずみしきぶ》の言い伝えも有名だ。熊野詣をした平安時代の歌人和泉式部は本宮の手前、伏拝《ふしおがみ》王子にたどり着いたところで月の障《さわ》りがきてしまった。

はれやらぬ　身のうき雲の
たなびきて
月のさはりと　なるぞかなしき

そんな歌を詠んで引き返そうとした夜の夢に熊野権現が現れ、こんな返歌をくれたので、参拝できたという。

もとよりも　ちり（塵）にまじはる
神なれば
月のさはりも　何かくるしき

スコットランド・アラン島行きのフェリー乗り場で会った老人。オーストラリアから５年前に帰国、アコーディオンを手に気ままな旅をしているという

病者も、女人も、どんな神仏の信者もすべて受け入れる。熊野は「るつぼ」（メルティング・ポット）のようなところだ。

さきに「神が他の神に示す寛容さの程度は土地土地で違う」という梅棹忠夫の言葉をひいた。それでいえば、熊野のカミ、熊野という土地はこの国の中でも「寛容さ」の度合いが高い。

純粋さは美しいけれど、ときとして、どこかよそよそしく、落ち着かない気持ちにさせることもある。

熊野に住んで感じる「肩肘《かたひじ》を張らずに済むような居心地の良さ」。それはアイルランドやスコットランドを旅したときのリラックス感と通底している。

暖流がそれぞれの風土をつくる

アイルランドの首都ダブリンは北緯五三度ぐらいに位置している。北海道はおろか、サハリン（樺太）島の北部、カムチャツカ半島南部ほどの緯度の高さだ。スコットランドのハイランドやヘブリディーズ諸島はさらに緯度が高く、同諸島の一番北にあるルイス島には北緯五八度線が通る。

そんな北にあるのに気候が比較的温暖なのは、沖を流れるメキシコ湾流と、その上を吹く偏西風のおかげである。

メキシコ湾流（ガルフ・ストリーム）は、赤道の北側を西向きに流れる海流に源をもつ。カリブ海、メキシコ湾に入り、フロリダ沖を通って大西洋に流出した後、この大海を渡り、ブリテン島やノルウェーに向かって北上する暖流である。流速は最も速いところで時速九キロという。この暖かい潮流と、海からの南西風が相まって、西岸海洋性気候と呼ばれる「夏は冷涼、冬は温暖」の気候がもたらされるのだ。

一九七七年に初めてスコットランドを訪れたとき、西岸の保養地オーバンで椰子《やし》の樹を見て驚いた。もちろん

スコットランドの島は霧がかかることが多い（スカイ島の岩の尖塔オールド・マン・オブ・ストール）

植えられたものだろうが、カムチャツカ半島の中ほどに相当する緯度の地に椰子が根付くのはメキシコ湾流のおかげだ。同じスコットランドでも東側の北海沿岸の海岸線のほうは荒涼とした印象を与える。

「アイルランドにはスキー場がありません」。新宮市や北山村で英会話を教えている同国出身のナイル・コノリー氏はそう語る。スコットランドではリフトのあるスキー場があったから、同じような緯度でも平地や丘陵地が広がるアイルランドと山岳地帯の多いスコットランドの違いだろう。

アイルランドの気温は冬場でも零下になることはあまりないそうだ。夏は二〇度ぐらいで、年間を通じて寒暖の差が小さい。スコットランドも日本に比べれば夏はずっと涼しく、真冬でも厳寒というほどではない。

それでも「北国」である。両国をドライブしたのは六月だったが、念のため冬物のダウンジャケットを用意した。これが正解。風の強い島々や小雨の折などダウンが欠かせなかった。それでいて雨が止み太陽がのぞくと軽く汗ばむ陽気になる。「ここでは一日のうちに四季がある」といわれるゆえんだ。私たちはこの言葉をアイルランドでもスコットランドでも耳にした。彼らが好きなフレーズのようだ。

「島のケルト」のこんな地理的位置や気候が、植生のほか人びとの信仰のあり方、気質などに影響を与えていることは間違いない。そして、緯度こそだいぶ下がるが、熊野にもいくつかの共通点が見受けられるのである。

まずは暖流だ。「海のケルト」の気候を特徴づけているのが大西洋とメキシコ湾流なら、太平洋と黒潮の存在を除いて熊野の気候や風土を語ることはできまい。

熊野市波田須町一帯はリアス式の入り江が続き、熊野灘に面した傾斜地に家々が点在する。水平線に大型船が行き交うあたりに黒潮が流れている。そのおかげもあってか、波田須は冬も温かい。段々畑に四季折々の蜜柑が実る、人呼んで「桃源郷」だ。ここに五年余り住んで、雪が積もったことはない。早朝、草木がうっすら白くなっているのを一、二度見た程度だ。

もちろん夏はアイルランドやスコットランドよりずっと高温だけれど、東京で育った私にはしのぎ易い。ビル冷房や車の排気などが混じった、むっとするような暑さではないからだ。クーラーなしの生活だから、夏のピーク時の節電に多少とも協力していることになる。

スカイ島ダンヴェガン城の前の入江にはアザラシがたくさんいて、ボートツアーがある

黒潮は赤道の北側を西に流れる北赤道海流に源をもつ。メキシコ湾流と双璧の暖流である。東シナ海を北上して台湾と石垣島の間を抜け、九州の南で東向きに転じる。その後、屋久島近くのトカラ海峡を通って日本の南岸を流れる。一部は枝分かれし、対馬海流となって日本海に流れ込んでいる。

稲作、金属、造船、建築などの技術、言語、神話や伝承、そしてそれらを運び伝えた人びと。黒潮は太古の昔から様々なものを日本列島に届けてきた。

私は「黒瀬川」の別名をもつ、その海流に惹《ひ》かれて熊野にやってきた。そして黒潮と、イザナミの墓所といわれてきた花の窟《いわや》がある有馬、熊野三山とを結び付ける空想を交えた話を書いた。それは「インドネシアにあった穀物創生神話が黒潮に乗って熊野に流れ着き、結早玉《むすびはやたま》という熊野独特の神格に発展、熊野三山の神になった」という物語である。（『イザナミの王国　熊野』方丈堂出版）

黒潮が沖を洗う地に住まなかったら、私なりの古代史ロマンを描きたいとは思わなかったろうし、「島のケルト」について調べてみようという気にもならなかったろう。

熊野灘沿いに暮らす人びとは、海の彼方に理想郷「常世」を観想し、黒潮が「善きもの、貴きもの」を運んでくると信じた。徐福伝承も神武伝承もこの海流と切り離しては考えられまい。後に述べるように、アイルランドに伝わるケルト神話には、海の彼方にあると信じられた理想郷「常若《とこわか》の国（ティル・ナ・ノーグ）」へと船出する物語がある。

あちらは大西洋とメキシコ湾流、こちらは太平洋と黒潮。ふたつの地域は大海と海流がもたらす理想郷への憧れで結ばれている。

「マッサン」が学んだ半島の町

メキシコ湾流と黒潮。ともに暖流が沖を流れているとはいえ、そこは緯度や地勢の違いか、アイルランドやスコットランドと熊野の気象に相違はある。一番目立つのは降水量だ。

年間三千ミリから四千ミリの雨が降る熊野は日本でも有数の多雨地域である。私が前に住んでいた奈良県明日香村は、熊野と対照的に内陸の盆地で川も飛鳥川だけなので、長年旱《ひでり》や水不足に悩んできた。一九八〇年代に完成した吉野川分水事業のおかげで水不足は解消したが、大正の頃まで水争いが原因で「隣村には嫁をやらない」といった話があったそうだ。

だから明日香村を中心とした飛鳥地方には水神を祀る社寺が多い。水につながる龍や蛇の信仰も厚い。『日本書紀』は、皇極天皇（第三十五代の女帝）が飛鳥川の上流で雨乞いをしたところ雷鳴がとどろき大雨が降ったため、農民が「徳をお持ちの天皇だ」と称えた、と記す。そのエピソードを起源とする雨乞いの「南無天踊《なもでおどり》り」が伝統芸能として引き継がれている。

明日香から熊野に移ると「降雨」はもうたくさん、「止雨」を祈りたくもなるが、天水が頼りの山間地や段々畑の農家は干ばつに苦しみ、降雨を祈ることも少なくなかったろう。

熊野市の花の窟《いわや》では昭和二十五年頃まで雨乞いの踊りがあったと、地元の長老和田生《はえる》氏から聞いた。旱が続くと男衆が奈良県下北山村池峰にある明神池まで出向き、龍神が棲むという池の水を持って帰り、降雨を祈った。行き帰りは歩き、道中は口をきいてはいけないとの決まりがあった。「池の水を汲んできたが雨が降らない。私がこっそりトラックに乗せてもらったことがばれて、もう一度行かされました」。和田氏はそう言ってほほ笑んだ。

アラン島蒸留所のガイドツアー。最後の試飲が楽しみ

アイルランドやスコットランドも雨模様の日が多いが、降りかたは熊野とはだいぶ違う。今回の旅行の経験で言えば、シトシト降っていたかと思うと、すぐに止む。また空は晴れているのに、どこからか細かい水滴が落ちてくる。いわゆる「狐の嫁入り」のような天気に何度か出合った。

厚い雲から落ちてくる細かい霧雨をスコッチ・ミスト（Scotch mist）と呼ぶ。それが泥炭層にしみこみ、泉として湧き出し、渓流となる。そしてその水が本場のウイスキーをつくる。スコットランドでそう聞いた。ウイスキーはゲール語（ケルトの言葉）でウシュクベーハー（生命《いのち》の水）という。

酒の蒸留技術は、地中海沿岸地方からアイルランドを経てスコットランドに伝わったといわれる。『スコッチ三昧』（土屋守著、新潮選書、二〇〇〇年）によれば、ウイスキーづくりを伝えたのは五世紀末ごろ、アイルランド島北部から対岸の島に移住したスコット族のようだ。

二〇一三年と翌年のアイルランド、スコットランド旅行で、私は四か所のウイスキー蒸留所を訪ねた。①北アイルランド最北部の小さな村にあるブッシュミルズ蒸留所②スコットランド東北部、スペイサイド地方のダフタウンにあるグレンフィディック蒸留所③スコットランド・スカイ島のタリスカー蒸留所④スコットランドのアラン島にあるアラン島蒸留所、である。

ブッシュミルズは一六〇八年にジェイムス一世の許可を受けた世界最古の蒸留所、というのが自慢だ。「鹿の谷」という意味のグレンフィディックは日本でも名の知れた銘柄。アラン島蒸留所は一九九五

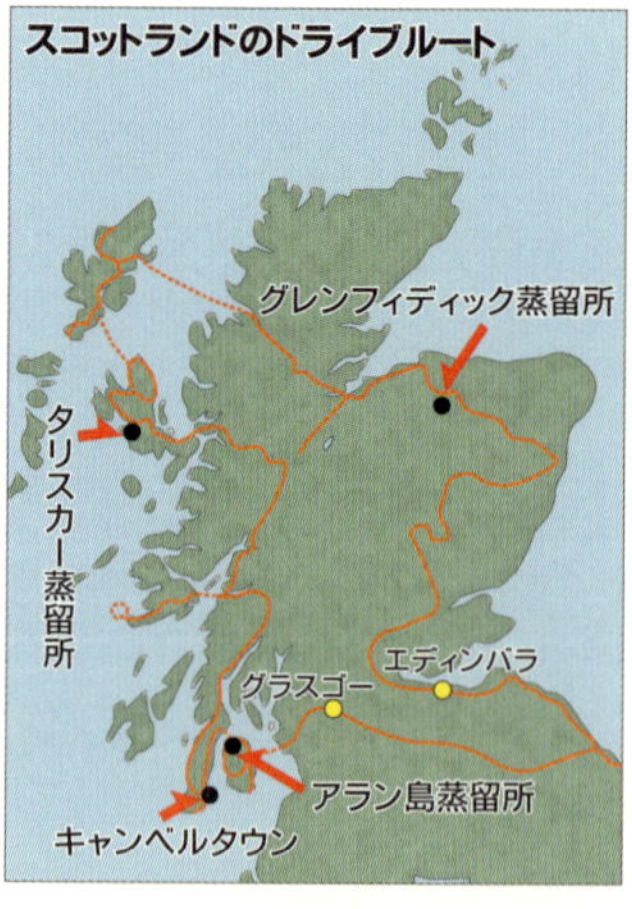

「マッサン」がウイスキーづくりを学んだキャンベルタウン。半島の先の静かな町だ

年、約百五十年ぶりに生産を再開した。

どこも大麦の発芽から発酵、ポットスチルという銅製の蒸留器での蒸留、樽に入れて熟成させるまでの工程をガイドが説明してくれた。そして最後に「試飲」があった。

伝統的な蒸留所は泥炭（ピート）を燃料に蒸留するシングルモルトのウイスキーだ。田舎の小さな蒸留所で試飲したウイスキーはピートの香りだろうか、燻製《くんせい》のようなにおいがする。「スモーキーでいいだろう」とガイドは自慢した。ちなみに、スコッチウイスキーとは、穀物が原料の蒸留酒、木の樽で熟成する、といった基本条件を満たしたうえ、「スコットランドでつくられ、そこで三年以上樽で寝かせること」と法律で定めているそうだ。（『スコッチ三昧』）

NHKの朝の連続テレビ小説「マッサン」のモデルになった竹鶴政孝氏（ニッカウヰスキーの創業者）は一九二〇年（大正九年）、スコットランド南西部キンタイア半島の先端に位置する町キャンベルタウンにあったヘーゼルバーン蒸留所でウイスキーづくりを学んだ。グラスゴーで知り合い結婚したリタ（ドラマではエリー）が寄り添っていた。私たちが訪ねたキャンベルタウンは、中心にハイクロスが建つ静かな町だ。昔は三十四もの蒸留所があったというが、現在は三か所だけ。竹鶴氏が学んだヘーゼルバーンも閉鎖され、今は商業関係の施設になっている。

行き当たりばったりで泊まった民宿は、湾を見下ろす場所に建つ石造りの立派な建物だった。主人によれば、ある蒸留所のオーナー宅だったとか。竹鶴氏の話をしたら、奥さんが「これよ」と奥からヘーゼルバーン銘柄の古いボトルを持ってきてくれた。「秋からＢＢＣのような放送局でドラマが始まる。日本人の観光客が来るかもね」といったら、喜んでいた。

火山活動が生んだ共通の奇観

スコットランド西岸の港町オーバンで「一日三島巡り」というツアーに参加し、マル島沖に浮かぶスタッファ島に行った。

ちっぽけな無人島。コンクリート製の簡単な上陸施設があるだけだから、マル島で小船に乗り換えなければならない。一八二九年にスタッファ島を訪れたメンデルスゾーンは、海蝕洞窟に響く波と風音に触発され演奏会用序曲「フィンガルの洞窟（原題はヘブリディーズ諸島）」を作曲したという。

「まるで楯ケ崎そっくりだ」。近づく島の光景に、私はそう思った。以前、漁船に乗せてもらい、海から楯ケ崎を見たことがある。

楯ケ崎は熊野市の二木島《にぎしま》湾口に位置する柱状節理《ちゅうじょうせつり》の大岩壁である。平安時代にそこを通った増基《ぞうき》法師は紀行文『いほぬし』（庵主の意味）で「たてが崎といふ所あり。かみのたゝかひしたる所とて、たてをついたるやうなるいはほどもあり。うつ浪にみちくる汐《しお》のたゝかふ

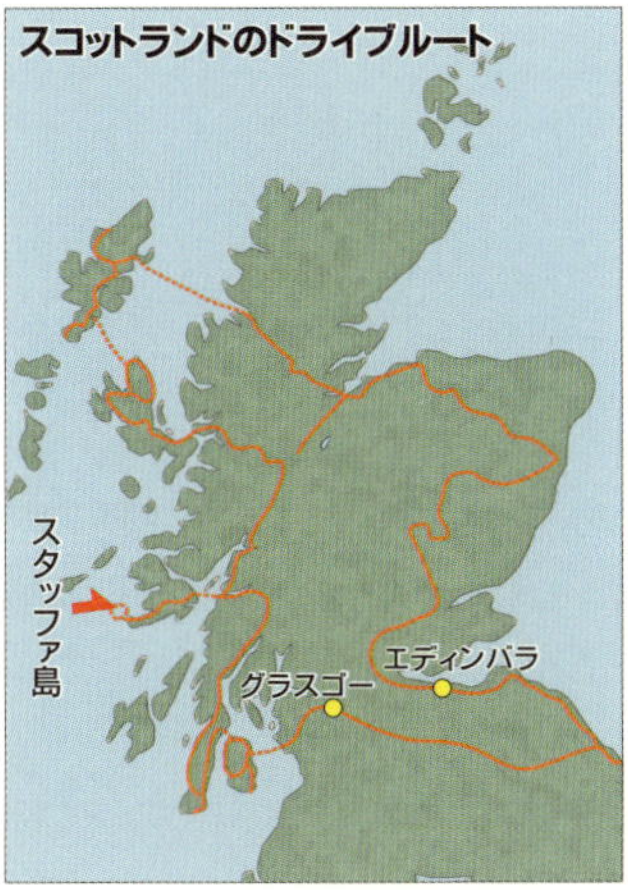

スタッファ島は柱状節理で覆われている

をたてが崎とはいふにぞ有ける」と記した。（増渕勝一編著『いほぬし本文及索引』白帝社、一九七一年）

二木島は神日本磐余彦《かむやまといわれびこ》（神武天皇）の上陸伝承地のひとつで、神武と「国つ神」が戦ったところという伝説もある。

地質学が専門の後《うしろ》誠介氏によれば、今から千四百万年から千五百万年前に熊野で活発な火山活動が起きた。岩石の垂直方向に割れ目が入り、大きな柱を並べたように見える。これは高温のマグマが冷え固まるとき、体積が縮むためにできるという。

スタッファ島は島全体が垂直や斜めの柱状節理で覆われている。フィンガルの洞窟は石柱が並ぶ海の神殿のようだ。

ともに太古の火山活動が生んだ奇観だが、岩石はスタッファ島が玄武岩なのに対して、楯ケ崎は熊野に多い花崗斑岩《かこうはんがん》だそうだ。後氏によると、節理の太さは岩体や冷却速度で違ってくる。ゆっくり冷えるほど柱は太くなる。玄武岩は地表にあふれた岩体、一方の花崗斑岩は地下で固まった岩体なので、楯ケ崎の柱状節理のほうが太いという。なるほど両者を比べるとそう見える。

フィンガルの洞窟の中には青色の海水が流れ込んでいく。訪れたのは穏やかな日だったので、メンデルスゾーンが味わったであろう波風の音は聞こえなかった。紀元前にこの島に渡ったケルト人は何を思い、どんな物語を語り継いだのだろうか。

スタッファ島にあるフィンガルの洞窟

英国領の北アイルランドには柱状節理がケルト神話の舞台になった場所がある。アイルランド島北端のジャイアンツ・コーズウェイである。その名の通り「巨人の土手道」といわれてきた海岸には六角形の石柱でびっしり埋まり、高さが手ごろの石柱に腰を下ろして眺めていると不思議な気分になる。その奇景から一九八六年に世界自然遺産に登録された。

海から見た楯ケ崎

伝説によると、「土手道」は巨人フィン・マックールがスタッファ島にいる巨人女性に恋をして、彼女をアイルランドに迎えるために造ったそうだ。別の伝説では、フィンはスコットランドの巨人ベナンドナーと戦うために石道をつくったが、やってきたベナンドナーはフィンより体が大きく強そうだった。フィンの妻が機転を利かして、夫に毛布をかぶせて彼らの子どもに見せかけた。ベナンドナーは赤子の大きさから、「相手はもっと巨大だろう」と恐れをなして退散したという。

そんな話に、志摩市大王町の波切《なきり》神社の「わらじ祭」神事を思った。長さ二・三メートル、幅一・四メートルもある大わらじを若者たちが拝殿から近くの浜に運ぶ。女性たちの祝い唄の後、大わらじを沖に流す。海や村を荒らす大王島の巨人ダンダラボッチに、自分より大きな巨人がいると思わせておとなしくさせた、という言い伝えにちなむ祭りだそうだ。

アイルランド島の北端部にある世界遺産ジャイアンツ・コーズウェイ

ジャイアンツ・コーズウェイの柱状節理も玄武岩だというが、スコットランドのスタッファ島や熊野の楯ケ崎と比べると、その背が低く、ぶつぶつ途中で切れて「亀の子たわし」を敷き詰めたように並んでいる。その写真を後氏に見せて原因をうかがったところ、「それは初生的な構造ではなく、風化の進行に伴ってできたものでしょう」と解説してくれた。

花崗斑岩の場合は、岩石の表面がタマネギの皮をむいたように風化する場合がある。二〇一一年の台風12号で、土石流として押し寄せた岩塊がまるで恐竜の卵のような巨礫《きょれき》（巨岩）だったのは、山中で「タマネギ状風化」が進んだためだという。

輪廻転生、ケルト人の死生観

ケルト人はインド・ヨーロッパ語族の一派とされている。インド・ヨーロッパ語族は、東はインドから西はヨーロッパまでまたがる同系語のグループで、同系の言葉を話した種族はインド・アーリア人とも呼ばれる。いずれも大づかみの概念だが、ケルト人を考える材料のひとつにはなる。

紀元前五世紀のギリシャの人、ヘロドトスは古代オリエントの歴史や地理を記した九巻に及ぶ『歴史』を残した。その中に「イントロス河（ドナウ川）はケルト人の国にあるピュレネの町（ピレネー山脈の東すその古い町）から発し、ヨーロッパを真中から二つに割って流れている。ケルト人はヘラクレスの柱（ジブラルタル海峡）以遠に住み、ヨーロッパの最西端に住むキュネシオイ人と国境を接している民族である」（『歴史　上』岩波文庫、一九七一年）というくだりがある。

ドナウ川はドイツ南部の森林地帯に端を発し、オーストリア、スロバキア、ハンガリー、ルーマニアなどの国を通って黒海にそそぐ。ヘロドトスの時代、ケルト人はアルプスの北、南ドイツからドナウ川流域に居住する、

スコットランドのハイランド・カウ（ネス湖近くで）

と考えられていたようだ。
その「原郷」ははっきりわからない。井村君江氏はその著書『ケルトの神話』（ちくま文庫、一九九〇年）で次のように書いている。

学者たちは推定によって、ケルト民族の始源地をさまざまに探し、ダニュウブ川（ドナウ川）の水源地付近とか、カスピ海の近くとか、ベーメンがケルトの祖先の原故郷かもしれないとか、考えているのです。今日ではケルト人はインド・ゲルマン語族に属していて、金髪で背が高い民族で、気候が悪くなったので本来の故郷をすてて移動をはじめ、それは紀元前九〇〇年ごろで、それから五〇〇年のあいだに、各地へ散っていったとされています。

ケルトとインドは輪廻転生《りんねてんしょう》の思想で共通項がある。車輪が回転するように人が何度も転生、また動物なども含めた生物に生まれ変わるという思想だ。ヒンズー教の前身であるバラモン教においてその断片的な考え方があらわれ、ヒンズー教で集大成された。輪廻思想はインドで生まれた仏教にも影響を与えた。

ヒンズー教では最高神も変身する。ヴィシュヌ神は衆生を救済するため、十の姿に変身して地上に現れるとされる。大魚、巨大な亀や猪、半人半獅子などのほか、叙事詩『ラーマーヤナ』の主人公ラーマ王子、叙事詩『マハーバーラタ』の英雄クリシュナもおり、仏陀もヴィシュヌの化身という。

一方、ケルト人の死後の世界観は輪廻転生そのものである。その神話には転生の話がそこここに出てくる。アイルランドに五つの民族が次々にやってきて、最後に到来した民族が彼らの祖になったという『侵略の書』と題する物語がある。一一〇〇年頃の写本が残っているが、六世紀ごろにその物語を僧院の僧侶たちに語ったトァン・マッカラルという名の男は人間→雄鹿→猪→海鷲《うみわし》→鮭へと変身して何百年もの年月を生き延び、五種族の盛衰を見てきた。そして最後に漁師の網にかかり、カレルという男の妻に食べられて二人の息子として生まれ変わった、と話したそうだ。

日本神話でいえば、出雲の国譲り、天孫降臨、神武東征といった神話・伝承の世界を一人の人物が「この目でずっと見続けてきた」と語るようなものである。

トァン・マッカラルだけではない。英国・ウェールズの女神キャリドウエンが産んだタリエシンは前世では違う人間ギォン・バッハだったが、兎《うさぎ》→犬→魚→川獺《かわうそ》→鷹→麦→鶏と転生したところで女神に飲み込まれ、その体

アイルランド南部の町の道脇にカラスの像があった

内に宿って生まれたという。井村氏によると、ケルト神話の神々、英雄、妖精たちは自在に他の生へ再生し、転身する。

霊魂は不滅で生命は転生し、永遠にめぐっていく。ケルト人はそう考えた。ケルト独特の渦巻模様は「不滅の霊魂」「終わりなき生命」の表現でもある。彼らの理想郷「常若《とこわか》の国（ティル・ナ・ノーグ）」は一度行ったら戻れない黄泉《よみ》の国ではなく、現世と隣り合わせにあって、転生を通じて行き来できる死と再生の異界だった。

一九五七年に発表した論文「文明の生態史観」で従来の観念を打ちこわし学会にショックを与えた梅棹忠夫は、ユーラシア大陸の中央南に位置するインドを「中洋」と呼んだ。ヨーロッパと極東アジアの中間という感じだろうか。

「中洋」はヨーロッパから見ると「インド・アーリア人種」の東の端に位置し、日本から見れば仏教がそこで誕生した天竺《てんじく》であった。唐の時代、玄奘三蔵《げんじょう》（三蔵法師）が経典を求めて天竺まで長旅をした記録が『大唐西域記《だいとうさいいきき》』であり、それをもとに後世に伝奇小説『西遊記』が書かれた。

そのインドは熊野との縁も浅くない。神仏習合が生んだ神格である熊野権現が天竺からやってきた、という伝承があるのだ。

熊野権現の由緒は、平安末期に編纂《へんさん》された文書『長寛勘文《ちょうかんかんもん》』の中に引用された「熊野権現御垂跡縁起《ごすいじゃくえんぎ》」で語られている。「縁起」によると、熊野権現のルーツは唐の天台山の王子信という名の地主神だった。それが九州、四国、淡路島を経て紀伊国に飛来し、最後に本宮大社の旧社地・大斎原《おおゆのはら》で自身を名乗るという筋立てだ。

だが、中世に入ると「熊野権現のルーツはインドである」という新説があらわれる。

熊野権現も天竺から来た

熊野権現のルーツは天竺《てんじく》(インド)だとする説には、南北朝時代に成立した『神道集』に含まれる「熊野権現の事」や、鎌倉から江戸時代の絵入り物語『御伽草子《おとぎぞうし》』の中の「熊野の御本地《ごほんじ》のさうし」、そして「熊野本地絵巻」など類似の作品がある。ここでは『室町物語草子集』(新編 日本古典文学全集63、小学館、二〇〇二年)から「熊野本地絵巻」のさわりを今の言葉で紹介しよう。

①熊野権現はもともとインド摩訶陀国《まかだこく》の善財王《ぜんざいおう》だった。王子にめぐまれなかった。

②王には千人の后《きさき》がいたが、五衰殿の女御《にょうご》だけ寵愛《ちょうあい》がない。女御の十一面観音への祈りが通じ、王が通って女御は懐妊する。

③それを妬《ねた》んだ九百九十九人の后は占い師を強要して「生まれる王子は宮中に災いをもたらし、大王を殺します」と言わせたが、王は信用しない。そこで后らは武士に五衰殿の女御の殺害を命じる。

④武士たちは五衰殿に同情しながらも、山中でその首を斬る。その直前に王子が生まれ、亡骸《なきがら》の乳を吸い、虎や狼に守られて三歳に育った。

アイルランド・ディングル半島の風景。断崖まで牧草地が広がる

⑤この山中に智見《ちけん》上人がいた。幼児は自分が善財王の子で、母は殺された、とその身の上を上人に話した。上人は王子に学問を学ばせ、七歳になったときに王子を連れて参内する。

⑥すべてを知った善財王は五衰殿の遺骨を掘り起こす。上人の祈りで生き返った五衰殿は王とわが子との喜びの対面をする。

⑦善財王は「こんなあさましい国にいたくない。一緒に住みやすそうな国に行こう」と女御、王子、智見上人とともに空を飛ぶ御車に乗り、東をめざした。そして紀伊国牟婁郡《むろのこおり》の音無川《おとなしがわ》のほとりに降りた。（熊野三所権現の）誠證《しょうじょう》大菩薩《だいぼさつ》は智見上人で、両所権現は善財王と五衰殿の女御のことである。

⑧九百九十九人の后は王を追って日本に来たが、毒蛇になったあげくに殺された。その怨念が后たちを赤虫にして熊野詣の巡礼を苦しめている。

「熊野本地絵巻」は観音菩薩の霊験譚《れいげんたん》でもある。観音信仰の高まりとともに熊野三山の中心軸は那智山に移ったが、その那智山もインドと関係がある。

スコットランド・キンタイア半島南部の海蝕洞窟

西国三十三所巡礼の第一番札所である青岸渡寺《せいがんとじ》にまつわる伝承によれば、仁徳天皇の時代にインドの僧侶ら七人が那智の浜に漂着した。その一人が裸形《らぎょう》上人だった。上人は那智の滝で修行して観音菩薩を感得し、滝のほとりに庵《いおり》を編んだ。それが青岸渡寺の始まりだという。裸形上人は那智の浜に近い補陀洛山寺《ふだらくさんじ》の開基でもある。

裸形の名は熊野の歴史を語る場合に欠かせない史料である『熊野山《くまのさん》略記《りゃっき》』や『熊野年代記』にも登場する。しかしだからといって裸形上人が実在の人物だったかどうかはわか

本宮の末社になっている真名井社。「閼伽井」「あかいさん」とも呼ばれている。この井戸の水を正月七日の神事に用いる

らない。

古代熊野の研究家である下村巳六氏は裸形上人伝説について「渡来部族による裸形信仰文化が基底に存在していて、それがあたかも実在が確実だったかのごとく、裸形上人の名を借りて残ったのだと考える」「修験道が入る前の熊野の信仰実体は、裸形に象徴され、より道教的だったといえる」と述べている。（「熊野誌」第三十二号の中の論文「裸形上人伝説」）

インドの国王が熊野権現になったという伝説も、インドのバラモン教、仏教、中国の道教などが混在し、黒潮に乗って熊野の地にもたらされた可能性がある。

私は唐の長安とローマを結んだシルクロード（絹の道）をめぐるロマンに惹《ひ》かれ、何度か西域を訪れた。そのシルクロードに絡んでインドとヨーロッパ、インドと日本を結ぶ興味のある話がある。

古代インドのサンスクリット語（梵語《ぼんご》）が西と東にそれぞれ伝播して、ラテン語や英語の「ａｑｕａ（アクア）

水」になり、日本の「閼伽《あか》」という言葉になったという説である。閼伽は仏前に供える水のことで、それをのせる棚を「あかだな」といい、社寺には聖なる閼伽井がある。シルクロードを通って、天竺から言葉が東西に長い旅をしたとすればロマンチックではないか。

だが閼伽＝アクアには反論がある。中島利夫氏によると、閼伽の原語は梵語のａｒｇｈａで「価値ある」の意。そこから仏に供える功徳水（閼伽水）という言葉が派生した。一方、梵語で水を意味する本来の言葉はｕｄａ：ｕｄａｋａである。英語のｗａｔｅｒ、ドイツ語のｗａｓｓｅｒなどは梵語のｕｄａを経て印欧語族の祖語ｕｄにさかのぼる。一方、フランス語のｅａｕ、スペイン語のａｇｕａなどはラテン語のａｑｕａ（水）にさかのぼる。つまり、サンスクリット語の「水」では日本とヨーロッパはつながらない、というのである。（「通俗語源説と『閼伽』の問題点」奈良大学紀要第5号、一九七六年）

常若の国から乙女の誘い

ケルトの神話には「常若《とこわか》の国（ティル・ナ・ノーグ）」という理想の異界がたびたび登場する。熊野灘沿岸に暮らした古代人は海の彼方に「常世《とこよ》」を観想した。ふたつの名称や観念が似ていることが、私をケルトの世界に引き込んだ。

「常若の国」は海の彼方や地下にある楽土である。そこではいつもリンゴが実り、食べつくせないほどの豚がいて、おいしいビールが飲めるという。「楽しき郷（マグ・メル）」「喜び ケ原」（メグ・メル）「至福の島（イ・ブラセル）」などとも呼ばれた常若の国は「苦痛も加齢も堕落も醜悪も存在しない」（『ケルト神話・伝説事典』、東京書籍、二〇〇六年）とされた。

アイルランド神話は常若の国がどうして生まれたのか、その由来を語っている。アイルランド島に到来した五つの種族の盛衰のさまを記した『侵略の書』によれば、常若の国をつくったのはダーナ神族である。

数々の動物に転生して何百年も生き抜き、種族の盛衰を見続けたというトァン・マッカラルが六世紀頃に僧院で話した島の歴史を、井村君江氏の『ケルトの神話』（ちくま文庫）から要約して紹介しよう。

西のほうから海を越えて、最初にアイルランド島にやってきたのは二十四人のパーホロン族だった。五千人まで増えたときに疫病がはやり、トァンを除いて死に絶えた。数十年も岩場に隠れていた彼はネメズ族の上陸を目撃する。間もなくトァンは雄鹿に変身して鹿の王になる。ネメズ族も八千人を超えたときに死に絶えてしまった。

年老いた雄鹿のトァンは、猪に変わって生気を取り戻す。そこへフィルヴォルグ族が動物の皮でつくった舟に乗ってやってきた。

彼らは島を五つの部分に分けて定着した。猪のトァンは洞穴で衰弱したが、今度は大きな海鷲になって若さを取り戻す。大空に舞い上がった彼は、女神ダヌから生まれた一族であるダーナ神族の上陸を確認した。すぐれた技術と知恵を持ったダーナ神族はフィルヴォルグ族に代って島を支配したが、三十六艘《そう》の舟に乗って次にやってきたミレー族との戦いに敗れてしまう。このダーナ神族が海の彼方や地下に逃れ、そこに美しく楽しい「常若の国」をつくったのである。

そして彼らは妖精（シィ）となり、今の時代まで生き延びている。靴直しの老人で金持ちの「レプラコーン」もシィの一員だ。

最後にやってきたミレー族がアイルランド人の祖先といわれる。ちなみに、海鷲のトァンは断食の眠りからさ

アイルランド・アラン諸島イニシュモア島にあるドン・エンガスの断崖。柵もなにもない。腹ばいで近づき、こわごわ空中にカメラを差し出した。この海の彼方に「常若の国」がある

めると今度は鮭になっていた。そしてアイルランドの統治者となったミレー族のカレルの妻に食べられ、カレルの息子となって生れ落ち、島の歴史と自身の転生を僧院の僧たちに語ったのである。トァン・マッカラルは「自分が語ったことを後世に伝えてくれ」と頼んで世を去ったという。

ケルトの神話で興味深いのは理想郷への訪問譚《ほうもんたん》があることだ。「オシーンの物語」や「ブランの航海」である。ケルト人にとってそこは行きっきりの世界ではなく、行ったり来たりできる異界なのである。どんなところか、まずオシーンの冒険をのぞいてみよう。

オシーンは、エリン（アイルランドの古名）のフィアナ騎士団の英雄フィン・マクールの息子だった。オシーンの常若の国訪問譚は、彼自身が五世紀にキリスト教を布教した聖パトリックに語った、という筋立てになっている。これも井村氏の『ケルトの神話』を参照した。

ある霧の深い朝、父と私は林の中で狩りをしていました。そこに白い馬に乗った美しい乙女が現れ、父にこう語りかけました。「私は西の海の彼方にある常若の国からやってきた王の娘です。あなたの勇敢で聡明な息子オシーンに愛をささげようと、お迎えに来ました」。私は王女にひと目で心を奪われてしまい、「あなたのほかに妻になる人はいない」と言いました。

乙女は「それならこの馬に乗り、一緒に行きましょう」と言って、常若の国がどんなにすばらしいところかを歌うように語ってくれたのです。

アイルランドやスコットランドは、海沿いの高台に建つお城が多い。北アイルランドのダンルース古城

「その国は若さの国、太陽の光輝く喜びと楽しさの国、金銀や宝石にあふれ、蜂蜜と酒もたえることなく、木々には果実がたわわに実り、花々が咲き乱れています。そこに住む人は苦しみを知らず、病気も老いも死も知らず、美しい宴《うたげ》が続き、楽しい音楽が聞こえてきます。あなたが呼べば何百もの勇士がお供として侍り、お望みならたくさんの竪琴が美しい調べを奏でるでしょう。あなたは常若の国の王冠をかぶり、喜びと若さと雄々しさにあふれ常若の国を治めるのです。金髪の私ニァヴが妻となって。さあ、まいりましょう」

ケルト神話と浦島伝説

常若《とこわか》の国から迎えにやってきた王女ニァヴにひと目ぼれしたエリン国（アイルランドの古名）のオシーンは、彼女の乗る白馬の手綱をとった。オシーン自身が聖パトリックに語ったという話の続きを聞こう。

白馬は三度いななくと、海上を突き進みました。途中で巨人に幽閉されていた妖精の女王を助けた私は、さらに海原を走ってついに緑の野が広がり、輝く湖や滝のある国に着きました。そこが常若の国でした。豪華な宮殿から、王と王妃が出迎えてくれました。「いつまでも滞在してくだされ。わが娘ニァヴはよき妻になりましょう」

楽しい日々は夢のように過ぎ、三年はまたたくまでした。私は父や友人たちに会いたくなり、エリンに行かせてほしいと妻に頼みました。ニァヴは悲しそうにこう答えました。

「あなたを止めることはできませんが、あなたの国エリンはもうお出かけになったときのようではないのです。フィンもフィアナの騎士もとうの昔に去りました。どうか私のいうことをよくお聞きください。この白馬が道を知っていますが、あちらに着いても白馬からおりてはいけません。もしあなたの足が土に触れたら、二度とここには帰れなくなります」

スコットランド・アイオーナ島の食堂にいたカモメ。堂々と構えている

私は決して馬からおりないと約束して、涙を流すニァヴに別れを告げ、常若の国を発ちました。白馬は海原を駆けてエリンの西の海岸に着きましたが、島の様子は全く変わっていました。前にあった家々もみあたりません。茫然《ぼうぜん》としていると、小さな人たちがやってきました。私の格好に驚いた様子の人たちに、私はフィンと騎士たちを知っているか尋ねたのです。

「フィンという英雄がずっと昔にいたことは本で知っています。その息子のオシーンという方は妖精の娘と常若の国に行ってしまい、とうとう帰ってこなかったそうです」

それを聞いた私は父の館のあった丘に向けて馬を走らせました。そこは廃墟でした。昔、仲間と狩をした谷に差し掛かったとき、小さな人たちが大きな石を動かそうとしていました。下敷きになった人がいたのです。馬の上から身をかがめ、片手で石を持ち上げて下敷きになった人を救ったとたん、鐙《あぶみ》が切れて私は馬から落ち、両足を地面につけてしまいました。次の瞬間、恐ろしいことが起きました。目がかすんで見えなくなり、全身から力が抜け、私はしわくちゃの老人になってしまったのです。白馬もいなくなり、私はやさしかった妻のこと、父フィンや友人たちのことをしのびながら、こうして生きながらえております。

オシーンの話はそこで終わる。竜宮（神仙境）から帰って玉手箱を開け、老人になってしまった浦島太郎の物語によく似ているではないか。

浦島伝説は『日本書紀』の雄略天皇紀や『丹後国風土記《たんごのくにふどき》』（逸文《いつぶん》）、そして『万葉集』（巻九の長歌）などにのっている浦嶋子（浦嶼子）の話のほか、沖縄、鹿児島、愛知県などにも似たような伝承があるという。黒潮から枝分かれした対馬海流が日本海に流れ込んでいることを考えると、浦島伝説は黒潮が南方から運んできた言い伝えのひとつであろう。

本宮大社の旧社地である中洲（大斎原《おおゆのはら》）には「毎月二十八日に竜宮城から乙姫が参拝にやってくる」という伝承がある。また中洲の周りの淵のひとつには、こんな言い伝えもある。

雨乞いのため笛を吹いていた男が、笛を淵に落としてしまった。それを探して水底にいたると竜宮城があり、金銀玉に飾られた床の上に笛があったので取り返して戻った。いっときのことと思ったが、十三里川下に出たときは三年が過ぎていた。

浜や淵は「異界との境界」と考えられてきた。

ケルト神話にはオシーンと同様の物語「ブランの航海」もある。海の彼方の女人国から戻ったブランとその仲間に、故郷の海岸で悲劇が起こる。『ケルト神話と中世騎士物語』（田中仁彦著、中公新書、一九九五年）から、かいつまんで紹介するとこんな話だ。

フェヴァル王の息子ブランの前に美しい乙女が現れた。乙女は美しい声で歌って「海の彼方のすばらしい国エヴナ」へと誘い、姿を消した。

翌朝、ブランは二十七人の仲間とともに航海に出た。いくつかの島を過ぎて、一行は「女人の国」を発見する。おいしい食べ物と女性たちにかこまれ夢のような時を過ごしたが、ブランはホームシックになった仲間の一人ネフターンを連れてアイルランドに帰ることになった。「女人の国」の女王は「戻っても決して陸地に足を触れてはいけません」と警告する。

船出した場所に戻ったとき、ネフターンは我慢できずに船から飛び降りた。故郷の岸辺に足を着けたとたん、彼の体は灰になってしまった。ブランは岸辺に集まった人たちに自分の名前を告げるが、だれも知らない。ほんの一年ほどと思っていたが、何百年もの年月が経ったことを悟ったブランは、船上から岸辺の人びとに自分の体験を語ったのち、再び海の彼方に去って行った。

浦島伝説を今に伝える京都府伊根町の浦嶋神社

熊野には嵐で遭難したサンマ漁船が黒潮に流され八丈島に着いたという話、逆に黒潮反流が青ヶ島の住民を熊野まで運んできた話など漂流譚《ひょうりゅうたん》に事欠かない。

アイルランド島から北に進むと北極圏に近づいてしまう。女護島《にょごがしま》を訪問したブランたちは、メキシコ湾流から枝分かれしてポルトガル沖を流れる海流に乗って南下したのだろうか。

小泉八雲が結ぶ現世と霊界

明治二十三年（一八九〇年）九月十四日、ラフカディオ・ハーン（小泉八雲）は外国人として初めて出雲大社の本殿への昇殿を許され、出雲国造《こくそう》である千家尊紀《せんげたかのり》宮司と面会した。同年四月に来日し、八月末に松江に英語教師として赴任して間もなくの出雲大社訪問だった。

アイルランド人を父に、ギリシャ人を母に生まれたハーンが、キリスト教より多神教・自然崇拝のケルトのドルイド信仰に惹《ひ》かれたことは想像に難くない。そんなハーンだからこそ、神道や出雲大社に限りない興味をもったのだろう。

当時の大社の様子や宮司の説明など貴重な証言でもある訪問記「杵築《きづき》――日本最古の神社」で、ハーンは興奮を次のように記している。

これまで外国人の目には一度も触れることのできなかった日本最古の本殿の内部、人類学者や進化論者の研究に大いに役立ちそうな、日本最古の神社の内部や興味深い原始宗教の聖なる器物や神事を、私だけが許されて拝観できたのだと思うと、胸の高まりを抑えることができない。(中略)仏教には、膨大な教理と深遠な哲学があり、海のように広大な文学がある。神道には、哲学もなければ、道徳律も、抽象理論もない。ところが、あまりにも実体がないことで、ほかの東洋の信仰ではありえなかったことであるが、西洋の宗教の侵入に抵抗することができたのである。

(『新編　日本の面影』池田雅之訳、角川ソフィア文庫、二〇〇〇年)

アイルランド・タラの丘の教会と墓地。シィが潜んでいそうだ

『怪談』『心』などの名著を残したラフカディオ・ハーンが日本の霊魂や妖怪の話に関心を寄せたのは、ケルト神話の妖精(シィ)と通じ合う世界を感じたからに違いない。

シィは女神ダヌから生まれたダーナ神族の末裔《まつえい》だった。アイルランド島にやって来た五種族の盛衰を描いた『侵略の書』によると、ダーナ神族は最後にやって来たミレー族に敗れ、海の彼方の「常若の国(ティル・ナ・ノーグ)」や先住民族の遺跡の地下に逃れた。その古い神々が妖精となって今に生き延びているのである。

ダーナ神族と、オオクニヌシ（大国主神・大己貴神《おおなむち》）やコトシロヌシ（事代主神）など出雲の神々の置かれた状況は似通っている、と私は思う。それは在来の勢力が征服者に「国譲り」をして、霊界の支配者になるという点だ。

ケルト神話の研究者井村君江氏は、イエイツ編・井村君江編訳『ケルト妖精物語』（ちくま文庫、一九八六年）の「文庫版訳者あとがき」にこう書いている。

トゥアハ・デ・ダナーン族（ダーナ神族）は、アイルランド民族の祖先で人間であるマイリージァン族（ミレー族）に戦いで敗れ、海の彼方と地下に逃れて、そこに楽園常若の国を造って住み、地下楽園（妖精の国）の王となったという。マイリージァン族が目に見える世界を治め、トゥアハ・デ・ダナーン族は目に見えぬ世界をとり、土塚に住む種族（シー妖精）となったと信じられている。

『古事記』『日本書紀』が語る出雲のヤマト王権への「国譲り」はそれによく似ている。大国主神は息子の事代主神の意見に従い、立派な神殿を建てることを条件に幽界《ゆうかい》に退くことを了承する。それは「現世を譲る代わりに、霊界の王になる」という宣言でもあった。以後、ヤマト王権との間には以心伝心の役割分担ができた。

そんな出雲と、熊野の関係は古くから論議の対象だった。同じような地名、似た名前の神社が双方にあるのはなぜだろう、という謎解きである。

たとえば平安時代につくられた辞書『和名類聚抄《わみょうるいじゅしょう》（和名抄）』や、延長五年（九二七年）にまとめられた『延喜式』の「神名帳《じんみょうちょう》（全国の官社一覧）」などから例を挙げると以下のようだ。

熊野と出雲の関係については古来諸説入り乱れ、それを紹介するだけで一冊の本ができるかもしれない。私にはとても踏み込めないけれど、熊野の沖を黒潮が洗い、出雲沖の日本海にもその分流が対馬海流として流れ込んでいることが、似ている理由のひとつではなかろうか。常世《とこよ》とか黄泉《よみ》の国とか、双方に言い伝えがある異界は、飛鳥、奈良や京都など「みやこ」との距離感や理想郷へのあこがれと相まって、南方からの暖流が生みだした相似観念といえよう。

（出雲国）	（紀伊国）
忌部郷《いんべのさと》（意宇郡《おうのこおり》）	忌部郷（名草郡）
須佐郷（飯石《いいし》郡）	須佐郷（在田《ありだ》郡）
加多神社（大原郡）	加太神社（名草郡）
須佐神社（飯石郡）	須佐神社（在田郡）
韓国伊太氐《からくにいたて》神社（意宇郡）	伊達《いたて》神社（名草郡）
速玉神社（同）	熊野早玉神社（速玉大社、牟婁郡）
熊野坐《くまのにます》神社（熊野大社、同）	熊野坐神社（本宮大社、同）

民俗学者の谷川健一は出雲と熊野の類似に関して、次のように記しているが、その通りだと思う。

古代人の観念は出雲と熊野に分裂した常世の世界をどうして生み出すにいたったか。それはもともと南方から北上し、奄美大島の北で二つに分かれて日本海の出雲と太平洋の紀伊半島とを

出雲大社から山一つ越えた海岸にある猪目洞窟。「黄泉の国の入口」と言い伝えられてきた

洗う黒潮文化に原因があると思う。もと一つの文化や意識が二つに割れたということから、その相似の分裂の姿が可能になったのではあるまいか。つまり古代人の意識には、かつて一つのものが二つに分裂した過程がそのまま捉《とら》えられていると私は考えるのである。（谷川健一・三石学編『海の熊野』森話社、二〇一一年）

ラフカディオ・ハーンは松江に住んだ後、熊本、神戸、東京と居を移し、明治三十七年（一九〇四年）に五十四歳で他界する。もし彼が熊野でも暮らしたなら、何を考え、何を語ったか。それを思うとちょっと楽しくなる。

オーク＝カシではない

古代ケルト人にとって一番大事な木はｏａｋ（オーク）だった。彼らはオークとそれに絡みついたヤドリギを神聖視した。

研究社の『新英和大辞典』（第４版）でｏａｋをひくと、「オークの木（かしわ・なら・かしなどＱｕｅｒｃｕｓ属の樹木。英国特有のものはＱｕｅｒｃｕｓ　ｒｏｂｕｒでわが国のかしわに似ているがはるかに大木となる。材は堅く木目が美しいので家具の材料となりまた造船の良材。果実はａｃｏｒｎ）」と書いてある。

後に述べるように、これは適切な説明だ。ａｃｏｒｎは「どんぐり」のことである。

ｏａｋはケルトの人びとにとってどのような聖木だったのか。英国の学者ミランダ・Ｊ・グリーンが著した『ケルト神話・伝説事典』（東京書籍、二〇〇六年）の「オーク」の項には次のように書いてある。

（古代ローマの博物学者）プリニウスは、ドルイド（ケルトの宗教的指導者）が聖なるオークの木に登りヤドリギの

スコットランドの名城、スターリング城の大広間の天井

アイルランドのドネゴール城の天井

枝を切り、二頭の白い牡牛を殺し多産を祈る、月齢六日目の祭りについて語っている。「ドルイド」という言葉はオークを意味する語幹「ドル」に由来するとされることがある。（ローマ時代のギリシャの歴史・地理学者）ストラボンは、オークの森の聖所である「ドルネメトン」にガラティア人（小アジア＝トルコに住むケルト人部族）の三部族が政治を論じるために会合を開くことを記している。

ケルト人がオークを崇拝した理由の一つは、それが生活に役立つためだ。

「オークの実（どんぐり）は豚の好物で、それが豚の大量飼育に役立ち、木材は住宅・家財に使用され、樹皮はなめし用・染料・薬用に使われた。オークは死者を入れる棺にも使われ、死後の世界にもかかわった。またオークの樹上に寄生するヤドリギは病気を直し、多産・繁殖をもたらす効果があるとされた」。木村正俊氏は『ケルト人の歴史と文化』（原書房、二〇一二年）で、あらましそう述べている。

私もオークが建築材に用いられている例をいくつか見た。アイルランド西部のドネゴールで、中世に建てられたオドネル家の居城ドネゴール城を見学した。再建された広間の天井はアイリッシュ・オークを巧みに組み合わせて、重厚感がある。

スコットランドの古都スターリングの高台にそびえるスターリング城でも、大ホールの天井はまるで船の底部のようにオーク材が美しく組まれていた。

『新英和大辞典』がいうようにｏａｋはカシワ、ナラ、カシなどの樹木の総称だが、日本ではオーク＝カシ（樫）と狭く解釈されることがよくある。日本で広く分布するカシと、英国やアイルランドのオークは葉の形ひとつとっても異なる。オークの葉は日本のカシワ（柏）により近い。

英文学者の吉田健一は「日本の土は西洋の土、或《あるい》は少なくとも英国の土ではない。英国のオォクが日本の樫の木ではないし、スラッシュが鶫《つぐみ》でないのと同じで…」と記している。（『英國に就《つい》て』、筑摩書房、一九七四年）

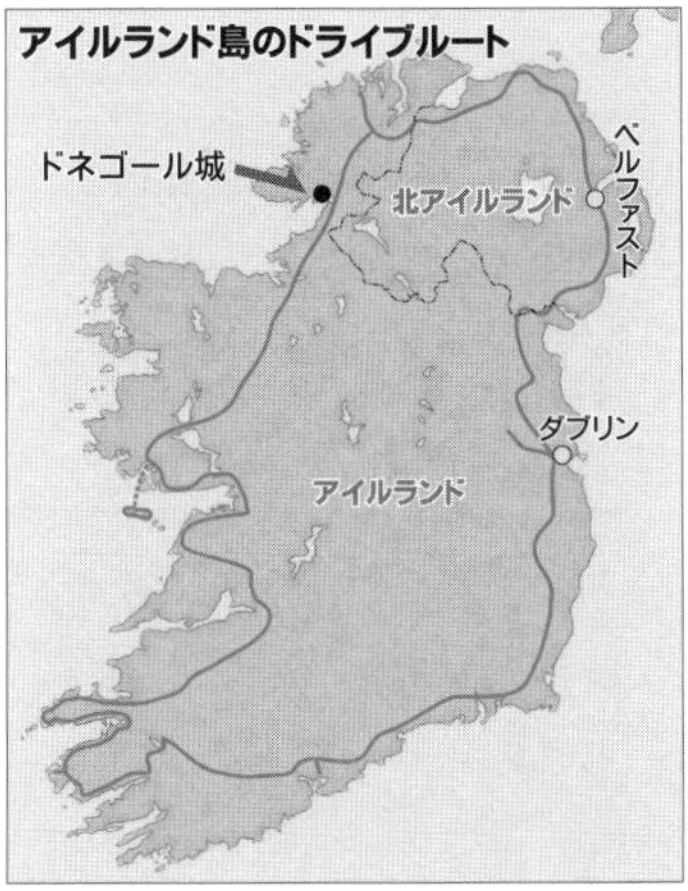

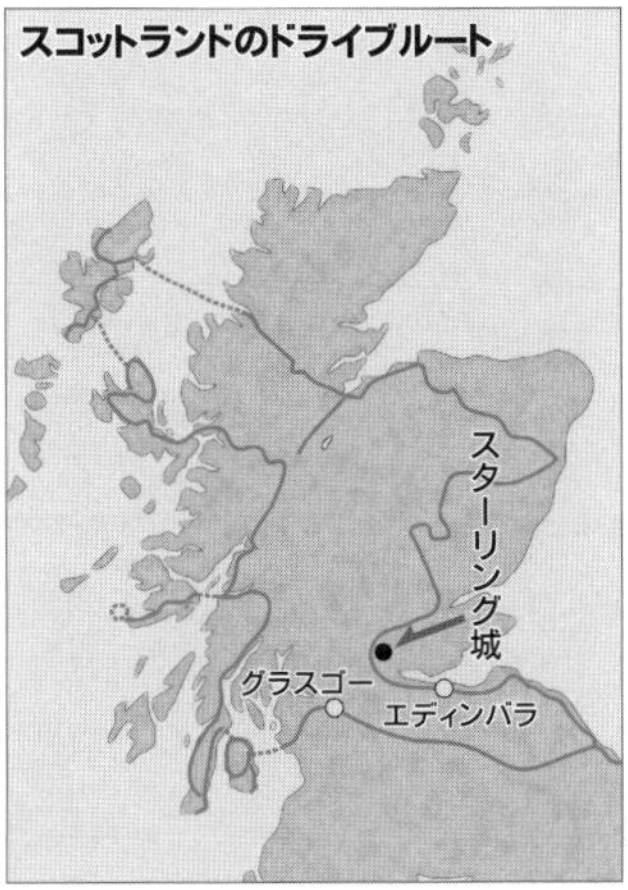

イチイガシの葉（『原色牧野植物大圖鑑』北隆館より）

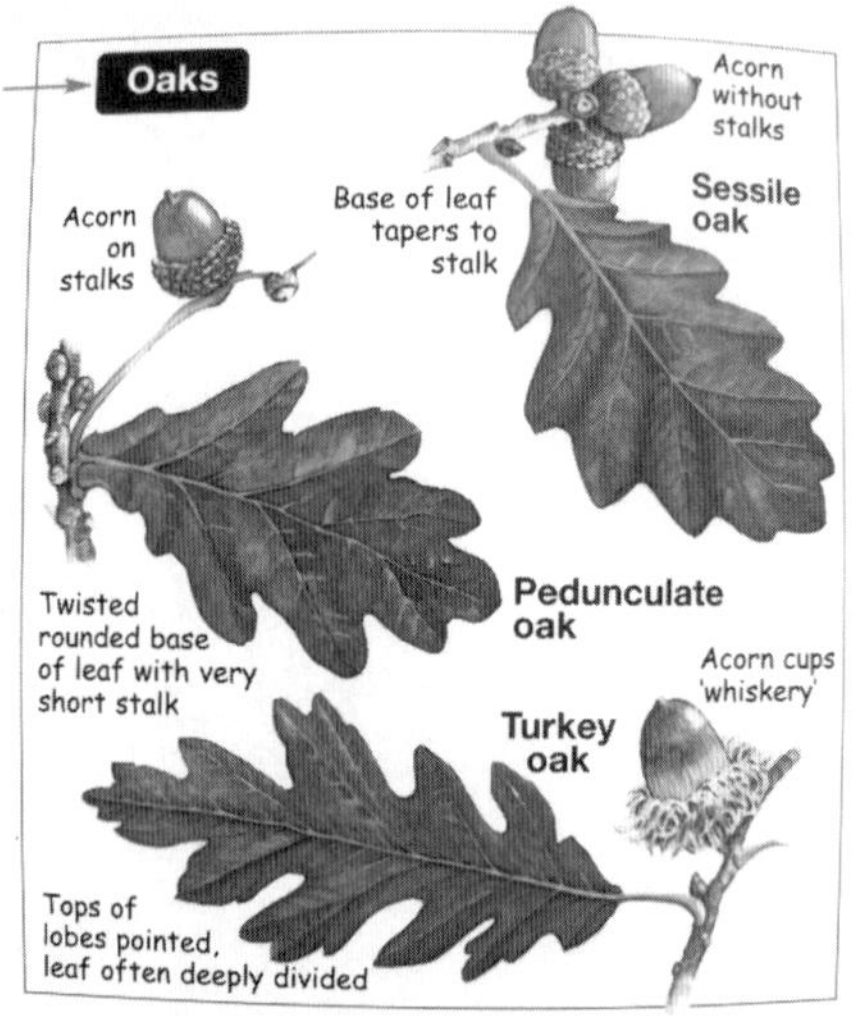

オークの葉（スコットランドで求めたパンフレットより）

その点、ロンドンの大英博物館で万巻《ばんかん》の書を読み、帰国後に那智の森に分け入った南方熊楠《みなかたくまぐす》はさすがである。「牛《ご》王《おう》の名義と烏《からす》の俗信」と題する論文のなかに「Common・Place Bookに英国で烏群、地に小孔《しょうこう》を啄《つつ》き開け槲《かしわ》の実を埋めながら前進するのを見たが、後日烏が巣を架けるに足る密林になった、と記す」（『南方熊楠全集2』平凡社、一九七一年）という一節がある。

和歌山県田辺市にある南方熊楠顕彰館に、彼が引用した原文の箇所を調べてもらったところ、熊楠は「oaks」を「槲」と訳していることを確認できた。

世界各地の古代からの呪術《じゅじゅつ》・タブー・慣習などを集大成し、民俗学や神話学に大きな影響を与えたジェイムズ・フレイザーはその大著『金枝篇』で以下のように記している。

カシワの樹の崇拝あるいはカシワの神の崇拝は、ヨーロッパにおけるアーリア系民族のすべてがこれを行ったものと見られる。ギリシャ人も、イタリア人も、ともにこの樹を天空、雷霆《らいてい》（かみなり）の神である彼らの至高神ゼウスあるいはユーピテルと関連せしめた。（中略）南ヨーロッパから中部ヨーロッパに移れば、大原始林の中に棲《す》まっていた未開アーリア人の間にも、カシワと雷の大神は見られる。たとえばガリアのケルト族のドルーイド僧団は、寄生樹とそれが生えているカシワの樹を、この上なく神聖なものと考えた。彼らは荘厳な礼拝の場処としてカシワの森林を選び、カシワの葉を用いることなしにはどんな儀式も執《と》り行わなかった。（『金枝篇 一』岩波文庫、一九五一年）

食に絡んだ日本のカシワ

ケルトが特別な樹木としたオーク（ｏａｋ）の葉の形は日本のカシワに近いと述べた。「カシワ」は日本で古代から神聖かつ重要な木だった。

生田神社（神戸市中央区）の加藤隆久名誉宮司の著書『生田の森』（国書刊行会、二〇一〇年）の中に「神道とケルト文化」や「かしわ考—食物と柏葉—」と題する論文が入っている。

また、画家の阿伊染《あいぜん》徳美氏は『ケルトと日本』（鎌田東二・鶴岡真弓編著、角川選書）に「グリーンマンと葉守《はもり》の神」という一文を寄せている。

それらに沿って「カシワ」が取り結ぶ日本とケルトのつながりを考えてみたい。

古代のケルトと日本には、樹木を神聖視したという共通点がある。そしてアイルランドに古くから「グリーンマン」信仰があるように、日本ではカシワの木に「葉守《はもり》の神」が宿ると信じられてきた。

それは『大和物語』（平安中期の和歌説話集）に出てくる「柏木に葉守の神のましけるを知らでぞ折りしたたりなさるな」という歌や、清少納言『枕草子』の「かしは木、いとおかし。葉守の神のいますらんもかしこし」とい

アイリッシュ・オークの大木（ダブリン南方のグレンダーロッホで）

うくだりに表われている。（『大和物語』は小学館「日本古典文学全集」、『枕草子』は岩波書店「新日本古典文学大系」より）

グリーンマンは顔や体が葉で覆われた人間の彫刻で、ヨーロッパの教会や住宅の戸口の柱で見かける。ケルト世界の森林・樹木信仰のなごりともいえよう。「グリーンマン」は欧州版「葉守の神」なのだ。

オークとカシワが信仰の対象になったのは、ともに人間の生活に欠かせない食と深く結びついていたからである。オークの実（どんぐり）は人びとの大切な食糧だった。人間ばかりではない。オークの大木は多様な動植物をも育んできた。

私がアイルランドでもらったセシルオーク（フユナラ）の説明書に、この樹木が支える多様な生物・植物についてこう書かれている。

▽二百七十種を超える昆虫類がこの木に生息している。アイルランドにいるカブトムシの四五％がこの木に生息するか、この木を利用している。
▽西洋ヒイラギやナナカマドがこの木で育つ。
▽各種のカビ・キノコなど真菌植物が生える。
▽六十種以上のコケ類が幹や枝に生える。
▽リスやカケスなどの小動物・鳥もどんぐりを食べる。

食との関係では日本のカシワも負けていない。

加藤氏によれば、古代日本では食物の調理人、食物を盛る器、食物を調理する建物、調理する職業などに「かしわ」が付いた。「かしわ」は柏・槲・檞などの字をあてるブナ科コナラ属の落葉樹である。具体的に言うと、宮廷の調理人を「膳夫《かしわで》」と呼んだ。檞葉をお椀の代用にしたことに由来するようだ。「膳氏《かしわうじ》」と称する古代の豪族は諸国の「膳部《かしわべ》」を率いて天皇や朝廷の食事に奉仕した。

一方、神饌《しんせん》や饗膳《きょうぜん》といった神様へのお供えを調理する建物を「膳殿《かしわどの》」と呼んだ。伊勢神宮の内宮と外宮には斎《いつき》内親王《ないしんのう》御《み》膳殿《かしわどの》があった。また天皇の即位式に用いられた大嘗宮《だいじょうきゅう》には悠紀《ゆき》・主基《すき》両殿の北部にそれぞれ膳屋《かしわや》が設けられたという。

加藤氏は「天皇が即位後初めて行う新嘗祭《にいなめさい》である大嘗会《だいじょうえ》の御供《おそなえ》はすべて柏葉で覆うしきたりがあった。これはおそらく柏葉こそ神聖な植物であり、保存するためには柏葉をもってするのが最もよい方法ではなかったのか。柏には毒消しの効能、保存の効能等があったものと考察される」と書いている。(「かしわ考——食物と柏葉——」)

このカシワ、わが熊野にも大いに関係がある植物なのだ。

『古事記』や『日本書紀』は第十六代仁徳《にんとく》天皇の皇后磐之媛《いわのひめ》(石之日売)を嫉妬深い女性として描いている。磐之媛が宮中の酒宴で酒を盛るための御綱柏《みつなかしわ》を採るために船で紀国《きのくに》に出かけたすきに、天皇は八田皇女《やたのひめみこ》を召し入れた。それを知った磐之媛は怒り心頭、御綱柏を全部難波《なにわ》の海に投げ捨てたという。八田皇女は仁徳の異母妹にあたる。

磐之媛はこの一件のあと難波の宮に戻らず、木津川をさかのぼって筒木《つつき》に住む渡来人の家に籠ってしまうのだが、御綱柏を採った場所を『日本書紀』は「紀国の熊野岬《くまののみさき》」と記しているのだ。

潮御崎神社の入口近くにあるマルバチシャの木

本州の最南端、和歌山県串本町の潮岬に潮御崎《しおのみさき》神社が鎮座する。その境内と、神社に通じる道脇に立つ木に「串本町指定文化財　御綱柏」と書いた説明板が立っている。「マルバチシャ」といい、地元ではその木が御綱柏だと言い伝えられてきた。

『古事記』は、磐之媛が他の妃《きさき》に対して「足もあがかに」（じだんだを踏んで）嫉妬したと表現している。しかし、『万葉集』に載った磐之媛の仁徳を想うしっとりした歌をみると、その表現には違和感がある。磐之媛はヤマト王権と一時張り合った葛城氏の祖、葛城襲津彦《そつひこ》の娘だ。葛城氏が第二十一代の雄略天皇の時代に没落したため、葛城系の人物を揶揄《やゆ》することができるようになったのかもしれない。

イチイの森が町の名に

オーク・カシワと同じように、古代のケルトと熊野に共通のもうひとつの聖樹は「イチイ」である。「島のケルト」でイチイがポピュラーな樹であることは現地で知った。

二〇一三年六月二十一日、私たちはアイルランド南部の小さな港町ヨール（Ｙｏｕｇｈａｌ）に一泊した。その前に、処女航海で氷山に衝突、沈没したタイタニックが最後に寄港したコーヴ（Ｃｏｂｈ）を訪ねたが、宿をとるには時間が早かったので、もう一走りしたのだ。ヨールは中世の面影を残す町で、その静かなたたずまいが気に入った。

民宿を探そうと海辺の観光案内所をのぞいたら「この町の名Ｙｏｕｇｈａｌの読み方を知っていますか?」と書かれたポスターが目に飛び込んだ。

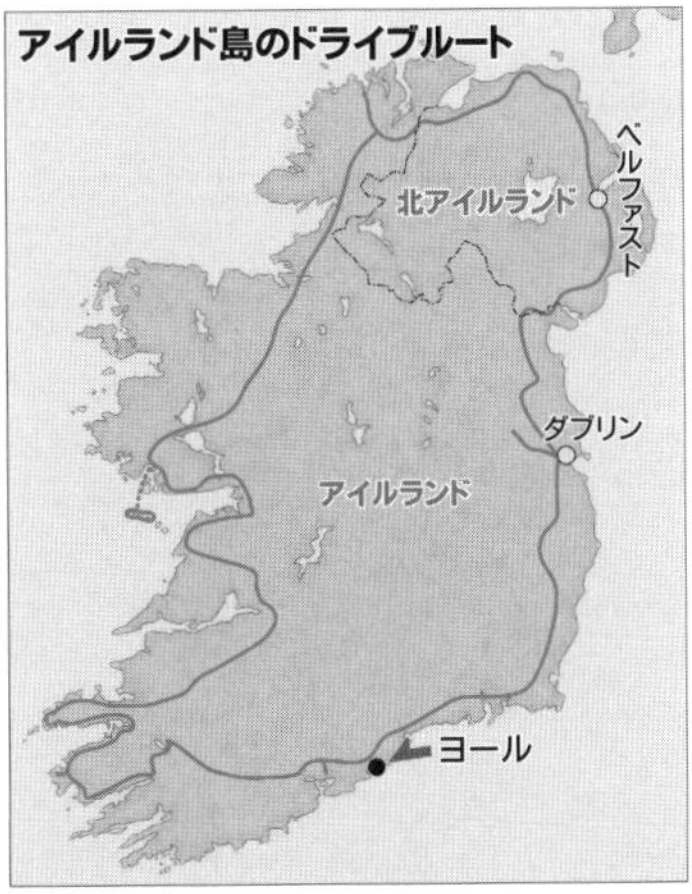

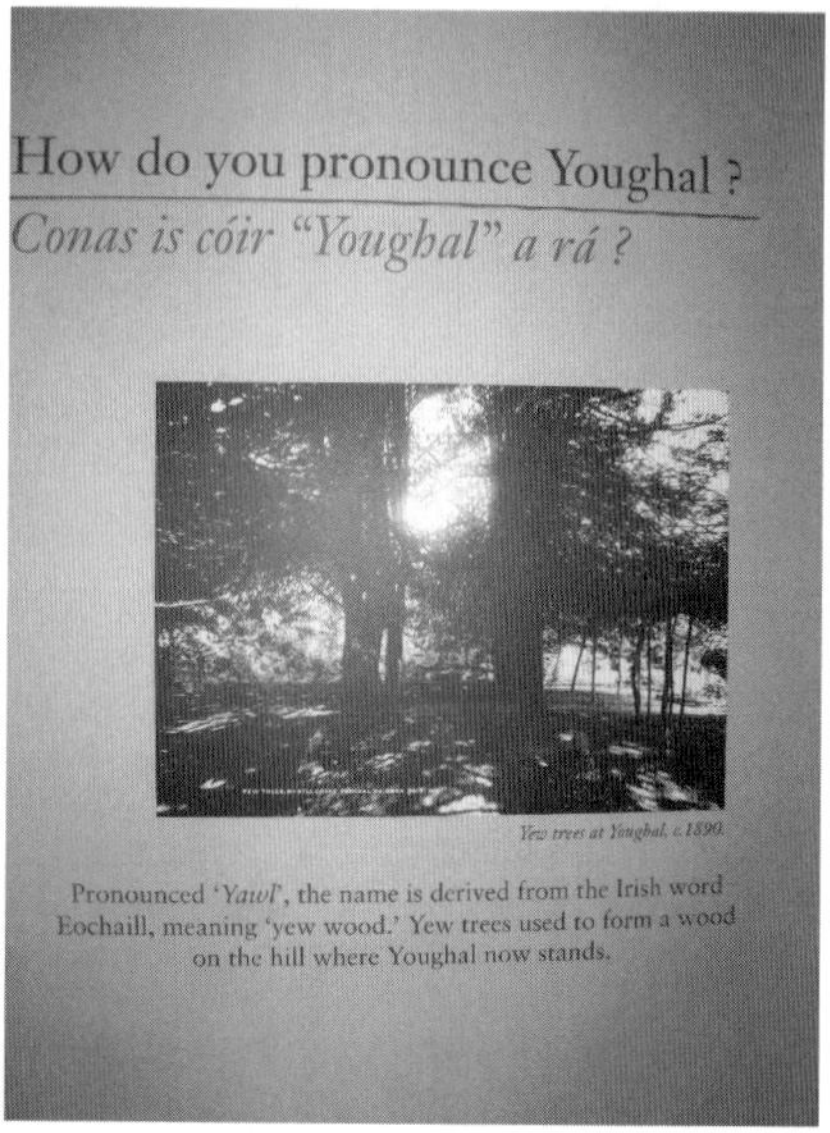

ヨールの案内所に張ってあったポスター

「ヨール（Ｙａｗｌ）と発音するのです。これはアイルランド語のＥｏｃｈａｉｌｌ、すなわち『イチイの森（ｙｅｗ ｗｏｏｄ）』に由来します。このあたりの丘には一昔前までイチイの森が広がっていました」

ポスターにはイチイの大木が茂る一八九〇年のヨールの写真がついていた。

「ユー（ｙｅｗ）」はイチイの木である。イチイといえば、熊野権現が三枚の月形としてその樹に降臨し、犬飼（狩人）に自らを名乗った聖木ではないか。熊野とアイルランドがこんなところでも結びついているのか、と私はわくわくした。

案内所の女性に聞くと、かつてはよく見られた木だったが、製鉄所の燃料として大方伐採され、現在は高台にある教会の庭に少し残っている程度だという。

さっそく、丘の上に建つ教会に行ってみた。中から出てきた中年女性に「イチイはどの木ですか」と尋ねたら、葉がいっぱいついた、さして大きくない木を指し「これがイチイよ。間違いないわ」という。「熊野でみたイチイとちょっと違うなあ」とは思いつつ、写真を撮った。

「これが yew tree よ」。ヨールの教会で出会った女性はそう話した

世界遺産熊野本宮館の敷地に植えられたイチイガシ

その疑問に答える前に、熊野の伝承とイチイとのかかわりをおさらいしておこう。

十二世紀の文書である『長寛勘《ちょうかんかん》文《もん》』の中で引用された「熊野権現御垂跡縁《ごすいじゃくえん》起《ぎ》」によると、熊野の神は唐の天台山から日本に飛来した。遷座のルートは九州の英彦《ひこ》山《さん》―四国の石鎚山《いしづちやま》―淡路島の諭鶴《ゆづる》羽《は》山《ざん》―紀伊国の切部山《きりめやま》（和歌山県印南町《いなみちょう》の切目王子あたり）―神倉山（新宮市）―石淵《やぶち》の谷（熊野川の対岸、三重県紀宝町鵜殿《うどの》付近）―大湯原（大斎原《おおゆのはら》＝熊野本宮大社の旧社地である中洲）の一位（イチイ）の大木の梢《こずえ》というものだった。

神が中洲に天降って八年経ったある日、手負いの大猪を追ってきた狩人が一位の木の下で死んでいる猪を見つけ、そこで一夜を過ごす。明け方、ふと見上げると梢の間に月が三つにわかれてあるではないか。狩人が「なぜ虚空を離れて、そんなところにいらっしゃるのですか」と尋ねたところ、月は「我は熊野三所権現である。一社は証誠大菩薩《しょうじょうだいぼさつ》で、二枚の月は両所権現である」と名乗った。そんな物語である。

証誠大菩薩、両所権現は、それぞれ熊野本宮大社の本地仏とされた阿弥陀如来と、熊野速玉大社（新宮）、熊野那智大社の本地仏である薬師如来、千手観音に対応している。三社の主祭神は本宮が家津御子《けつみこ》大神、新宮が速玉大神、那智は夫須美《ふすみ》大神だが、本地垂迹《ほんじすいじゃく》説では、それぞれの本地仏が衆生《しゅじょう》を救うために神の姿で現れる、と理解されている。

熊野権現の示現《じげん》を描いた中世文書『熊野山略記』ではイチイに「一位」のほか「櫟」の字をあてている。「櫟」はイチイガシとクヌギの両方を指す文字だったようだ。

イチイガシは本宮大社の前にある「世界遺産熊野本宮館」の駐車場わきに植えてある。新宮市熊野川町椋井《むくのい》に鎮座する高倉神社にはその大木がある。それらを見ていた私はヨールで出合ったイチイに「ちょっと違うなあ」という思いがしたのである。

理由は帰国してからわかった。同じイチイでもヨールで見たのは「ヨーロッパ・イチイ」で、熊野のイチイガシとは異なる樹だったのだ。

ヨーロッパ・イチイはイチイ科イチイ属の針葉樹で西洋一位ともいう。一方、イチイガシはブナ科コナラ属の常緑樹で、この二種は葉の形も違っている。

南方熊楠のちょっと怖い話

ヨーロッパ・イチイ（西洋一位）と同種のイチイは日本にもあるが、主に寒冷地や高地に分布しており、熊野の低地ではあまり見かけないという。

私は奈良県下北山村の前鬼《ぜんき》でその大木を見た。前鬼は吉野と熊野を結ぶ大峯奥駈道《おおみねおくがけみち》から少し下がったところにあり、標高八百メートルの場所だ。修験者やハイカーのための宿坊を、役小角《えんのおづぬ》（修験道の開祖）に仕えた「鬼の子孫」五鬼助義之《ごきじょ》氏と奥さんが守っている。

イチイの大木は宿坊のすぐ上に枝を広げている。葉の形はアイルランドで見たのと同じ針状で、どんぐりは実らない。五鬼助氏の父親は、その葉を煎じて糖尿病の薬にしたそうだ。

西洋一位など針葉樹のイチイ材は光沢があり弾力性に富むため家具や細工物に用いられる。昔、貴族が儀式の折に右手で持った笏《しゃく》はこの木から作った。それで「一位」の字をあてたという。古代ケルト人は西洋一位で弓を作ったそうだが、日本でもアイヌが同種の木を弓に用いるという。

前鬼のイチイと五鬼助氏

イチイの葉

ユー（yew・tree、西洋一位）、イチイガシとも「イチイ」と呼ぶのでややこしいけれど、ともに聖樹であり、生活に有益な木であることに違いはない。

イチイガシは熊野権現がそこに降臨しただけでなく、その実（どんぐり）は古代から山間に暮らす人びとの大事な食糧だった。イチイガシのどんぐりは「アク」が少なく、アク抜きしなくても食べられるというから、より貴重だったろう。

ケルト人たちは西洋一位の生命力の強さにひかれ、そこに長寿や死者の再生を祈った。太陽の力が弱まる冬至に、この樹木の下で祭りがもたれたり、この木を墓地でよく見かけたりするのは、そんな理由である。

木村正俊著『ケルト人の歴史と文化』（原書房）はオークとともにイチイ（ユーの木）について次のように言及している。

> もう一つ重要な木はイチイである。地域によってはオーク以上に尊ばれた。イチイはがっしりした、たくましい木で、堂々たる巨樹になることから長寿の象徴となる。枝が垂れて地面まで伸びると、地面の中に入り込み、そこからさらに新しい木として生まれ変わるほどの生命力をもっている。枯れ死したかに見えてもいつか生き返

るので、不滅のイメージがある。そこから「生命の木」、「宇宙樹」として象徴化され、芸術や文学に登場することが多い。古い時代には弓材として使われたほど、木質には「しなり」がある。ブリテンでは墓地などに多く見られる。

ケルト美術・装飾の専門家、鶴岡真弓氏によれば、ｙｅｗ・ｔｒｅｅはケルト伝説の中でドルイドの呪《まじな》いの木として登場する。また、アイルランドで四世紀ごろまで碑文に刻まれていたオガム文字（ラテン語から借用したアルファベットの音を、マッチ棒を組み合わせたような形の文字に当てはめたもの）のひとつひとつが樹木や植物の名前で呼ばれ、その中にｙｅｗ・ｔｒｅｅ（イチイの木）も含まれる、ことを紹介している。（辻井喬氏との対談『ケルトの風に吹かれて』北沢図書出版、一九九四年）

西洋一位とイチイガシは異なる樹だ。ケルトと熊野が同じ樹を聖木としていたと喜んだのは、私の早合点だった。でも、その呼び名が同じことに不思議な縁も感じる。

先に触れたように、「カシワ」は調理人、食物を盛る器、調理する建物など古代の食と深く関係していた。「木の葉と食器」といえば、有間皇子《ありまのみこ》の万葉歌を思い出す。有間は七世紀の人。伯母の斉明天皇とその子中大兄皇子《なかのおおえのみこ》（後の天智天皇）が紀温湯《きのゆ》（白浜温泉）に出かけている間に、謀叛の疑いをかけられて殺される、悲劇の皇子だ。

家にあれば　笥《け》に盛る飯《いい》を　草枕　旅にしあれば　椎《しい》の葉に盛る

この有名な歌は、有間が飛鳥から紀温湯に護送される途中、現在の和歌山県みなべ町岩代《いわしろ》付近の海沿いの道で詠んだ歌とされている。

ちょっと引っかかるのは「（家にいたなら器に盛るご飯を旅先なので）椎の葉に盛る」というところだ。「シイ」はブナ科の常緑樹で、その葉はさほど大きくない。椎の葉を何枚か並べた上に盛りつけたのか、それともこれは自身の無事を祈って土地の神にささげた飯（神饌《しんせん》）だったのだろうか。

巨木を畏怖《いふ》したのはケルトも熊野も同じだ。南方熊楠の「巨樹と翁の話」というちょっと怖い話を紹介しよう。彼が地元の人から直接聞いた、日高郡竜神村小又川での出来事という。

東のコウ（谷）のセキ（谷奥で行き尽きるところ）に大ジャという地に、古え《いにし》数千年の大欅《けやき》あり。性根のある木ゆえ切られぬと言うたが、ある時やむをえずこれを伐るに決し、一人の組親《くみおや》に命ずると八人して伐ることを定めた。カシキ（炊夫）と合して九人その辺に小屋がけして伐ると、樹まさに倒れんとする前に一同たちまち空腹で疲れ忍ぶべからず。切り果たさずに帰り、翌日往き見れば切疵《きりきず》もとのごとく合いあり。二日ほど続いてかくのごとし。夜往き見ると、坊主一人来たり、木の切屑を一々拾うて、これはここ、それはそこと継ぎ合わす。よって夜通し伐らんと謀れど事協《かな》わず。一人発議して屑片《こっぱ》を焼き尽くすに、坊主もその上は継ぎ合わすことならず、翌

三重県紀宝町の神内《こうのうち》神社の楠の巨木。神々しく力強い

日往き見るに樹は倒れかかりてあり。ついに倒し終わり、その夜山小屋で大宴会の末酔い臥《ふ》す。夜中に炊夫寤《さ》めて見れば、坊主一人戸を開いて入り来たり、臥したる人々の蒲団を一々まくり、コイツは組親か、コイツは次の奴かと言うて手を突き出す。さてコイツはカシキ（炊夫）か、置いてやれと言うて失せ去る。翌朝、炊夫朝飯を調え呼べど応ぜず、一同死しおったので、かの怪僧が捻《ひね》り殺しただろうという。今に伝えてかの欅は山の大神様の立て木または遊び木であったろうという。（『南方熊楠全集　2』平凡社、一九七一年）

タラの丘は心の故郷だ

「島のケルト」の聖地はいくつもあろうが、アイルランドとスコットランドでそれぞれ一か所選ぶとしたら、タラの丘とアイオーナ島ではなかろうか。タラはアイルランドの首都ダブリンから国道3号線を北西に小一時間走ったところにある。アイオーナ島はスコットランド西岸、インナー・ヘブリディーズ諸島のひとつマル島の西端にくっつくように浮かぶ小島だ。

ダブリン空港からスタートしたドライブ旅行の最初の目的地がタラだった。そこはアイルランドの伝説上の王たちの即位式が行われたところだと言い伝えられてきた。タラにはケルト民族がやってくる前の新石器時代の遺跡があった。ケルトの王たちは遺跡を利用して数々の儀式を行い、次第に宗教的聖地にもなっていったと思われる。

タラは全世界に七、八千万人いるというアイルランド移民の末裔《まつえい》たちにとって「心の故郷」である。

タラの丘の上にある立石遺跡。古代の王はこのあたりで即位したのだろうか。

マーガレット・ミッチェルの小説を映画化した「風と共に去りぬ」をご覧になった方は少なくあるまい。主人公スカーレット・オハラをヴィヴィアンリーが、伊達男レット・バトラーをクラーク・ゲーブルが演じた。アメリカ南部に入植し成功したスカーレットの父は、その大農園を「タラ」と名付けた。南北戦争に巻き込まれて家屋敷を失い、娘は事故死、最後は夫レットにも去られたスカーレットは、ラストシーンでこうつぶやく。

そう、私にはタラがある。故郷へ帰って、彼が戻る方法を考えればいいのよ。明日という日があるわ。

「タラ」と聞いただけで、アイルランド

人は、また米国だけで四千万人近くいるという移民の末裔たちは「じーんとくるのだ。タラは十八世紀末の反英闘争の際、反乱軍が英軍に殺された場所であり、十九世紀には自治や差別撤回を求めて多数のアイルランド人が集結したところでもあった。

私たちが訪れた六月上旬、タラの丘では小さな教会の前にタンポポのような黄色い花が咲き乱れ、牛たちがのんびり草を食んでいた。ミース州の平原を見下ろす丘の上には、中心の立石から放射状に長方形の石を並べた遺跡があった。このあたりで伝説の王たちが即位したのだろうか。

航空写真を見るとよくわかるが、タラには濠《ほり》をめぐらした円形の要塞や、羨道《せんどう》を持つ古代の墳墓が点在する。そのひとつ「捕虜の墓」と名付けられた遺跡は円形の土盛りで、日本の横穴式古墳を思わせた。

立石遺跡から少し下がったところに聖パトリックの像が建つ（百五十二ページに写真）。五世紀にキリスト教を布教したアイルランドの守護聖人である。この国のあちこちに、その名の教会や聖人ゆかりの井戸がある。日本でいえば聖徳太子と弘法大師 空海を足して二で割ったような人物といえよう。私は聖人の立像に「アイルランドの人びとの心の故郷を最初に表敬訪問させていただきました」とあいさつした。

一方、アイオーナ島は、六世紀にアイルランドからこの島に渡った聖コロンバが修道院を建て、そこを拠点に

スコットランド・アイオーナ島のアイオーナ修道院。スコットランドのキリスト教布教はここから始まった

スコットランドやイングランド北部を布教した初期キリスト教の聖地である。

私たちは西岸のオーバンというにぎやかな港町から「一日で三島を巡るツアー」を利用した。まずマル島に渡り、バスで島を横断、フィナフォートという場所で小船に乗り換えて、スタッファ島、そしてアイオーナ島と回った。火山活動が造ったスタッファ島の柱状節理に熊野の楯ケ崎を思い起こしたことは、先に述べた。

アイオーナ島の桟橋から細い道をしばらく歩くと中世に建てられた尼僧院の跡に出る。さらに進むと平屋のビジターセンターがあり入場料を払ってアイオーナ修道院に入った。建物の正面に大きなハイクロスが建っている（百五十三ページに写真）。円環の中央に聖母に抱かれたキリストを天使が見つめる様子が彫られ、ほかにアブラハムが子のイサクを神に捧げようとしている場面もあった。いずれも素朴な彫りだ。説明板には「ここに千二百年以上、立っている」とあった。

アイオーナ修道院は現在カトリック、プロテスタントの宗派を超えた教会として運営されているそうだ。ケルト人の信仰や思想を巧みに取り入れた初期のケルト教会からローマの影響が強いカトリック教会へ、さらにプロテスタント教会へと幾度もの歴史の波に洗われた末に、たどり着いた形である。私は古いハイクロスにわずかに「ケルトの香り」をかいだ。

美しい装飾が施された福音書写本である「ケルズの書」はアイオーナ修道院でその制作が始まった。しかし八〇〇年頃、ヴァイキングの来襲が激しさを増したため、修道僧たちは島を逃れ、ダブリン近郊のケルズ修道院で完成させたという。動物と人間、渦巻きや組みひも模様がのびやか、かつ奇想天外に展開する、ケルト美術の最高傑作とされている。

私はダブリン中心部にあるトリニティー・カレッジの図書館でしばらく並んで「ケルズの書」を見学した。「ろくろ首」のように人の首がのび、それがキリストの頭文字の一部になっている。何匹もの蛇状の模様が、さらに細かい模様と複雑に絡んで、終わりも始まりもない連環をつくる。見つめるとページの中に吸い込まれそうな不思議な世界だ。

いまアイオーナを訪れるキリスト教徒たちは、それぞれ何を求めて巡礼するのだろう。「ケルズの書」のようにケルト色の強い初期キリスト教への郷愁か、それとも北アイルランドでなお根強い宗派対立を超克したいという祈りだろうか。

中洲の空にトビが乱舞する

「島のケルト」の聖地としてタラの丘とアイオーナ島を紹介した。熊野はイメージとしては地域全体が聖地であるが、私の好みで選べば「本宮大社の旧社地である大斎原《おおゆのはら》」「御燈祭《おとうまつり》の舞台で、ゴトビキ岩が鎮座する神倉山」「那智大社の信仰の原点である那智の大滝」「イザナミノミコトの墓所と伝えられてきた花の窟《いわや》」を挙げたい（場所は「まえがき」の地図に）。

大斎原は熊野川と支流の音無川、岩田川が合流する中洲だった。古来、そこに詣でる人たちは音無川を歩いて渡る「濡れ草鞋《わらじ》の入堂」をした。体を水流で清めて聖地に足を踏み入れたのである。

那智の滝（御滝《おたき》）はそれ自体が神（オオナムチノミコト）とされた。オオクニヌシ、アシハラシコヲ、ヤチホコなど、いろいろな名を持つ出雲系の神だ。

ゴトビキは方言で「ひきがえる」のこと。形が似ているからそう名付けられたというゴトビキ岩や、上部が人面に似た花の窟は、ともに巨岩である。

大斎原と御滝には聖水信仰がからみ、ゴトビキ岩と花の窟は磐座《いわくら》信仰がその源《みなもと》となっている。「水と岩」は、

世界遺産登録十周年を記念して大斎原で奉納された能「THE KUMANO」。小栗判官の蘇生の場面（田辺市世界遺産熊野本宮館提供）

降水量が多く、太古の火山活動が残した岩体がそこここに存在する熊野の環境を象徴する信仰対象といえよう。

私は、熊野の祭りは海の民の「海から見た目標物への報賽《ほうさい》（お礼参り）」から始まった、と考えている。

縄文、弥生の昔、黒潮に乗って熊野灘沿岸にたどり着き、定着した人びとは狭い耕地でわずかな作物を得ながら、もっぱら漁撈にいそしんだ。ちっぽけな舟で岸から離れすぎると黒潮に流されてしまう。彼らは花の窟やゴトビキ岩、そして那智の滝など目立った目標物が舟の上からどのように見えるかによって、自分たちの位置やよい漁場の場所を確認した。そうした位置確認法を「山あて（山たて）」と呼ぶ。

海が荒れた折など、雲や霧の晴れ間から目標物

朝霧がただよう大斎原

が見えたときの喜びと安堵《あんど》は大きかったことだろう。命を守り豊漁をもたらしてくれる目標物が信仰の対象になり、そこで祭りが行われるようになったことは想像に難くない。

花の窟、ゴトビキ岩、那智の滝は、それぞれ巨大な自然の造形への畏怖《いふ》とともに現世利益への感謝の対象でもあった。そこにイザナミ信仰や修験道、観音信仰などが重なって聖地を形成したのだと思う。

そうした熊野の聖地の中でも、私が一番好きな場所は大斎原である。明治二十二年（一八八九年）の大洪水で社殿の大半が流され、現在は周囲より一段高い旧社殿の場所に、それぞれ中四社・下四社と元境内摂末社を祀る石の祠《ほこら》が二基並んでいるだけだ。しかし余計なものが何もないだけに、かえって張りつめた空気が漂い、身が引きしまる。

海から見える巨岩や滝が「海の熊野の聖所」なら、大斎原は「山の熊野の聖所」である。

二〇一四年十月二十六日、大斎原で「紀伊山地の霊場と参詣道」の世界遺産登録十周年を記念する箏《そう》と能の奉納があった。西陽子さんの迫力ある箏の演奏に続いて、能楽師津村禮次郎さんらが創作能「THE KUMANO」を披露した。夕暮れ迫る中洲に津村さんの朗々たる声と大太鼓が響き渡った。

その時である。杉の大木の間の空に何十羽、何百羽というトビの群れが舞った。ヤタガラスならぬトビの大群は、まるで演奏を楽しむかのように、ときに高く、ときに低く乱舞した。それは、聖地ならではの不思議な光景だった。

近年、大斎原は「パワースポット」として注目され、若い女性らが訪れるという。私自身は「パワースポット」という言葉があまり好きではないし、神社仏閣が集客のために「パワースポット」を売り物にするのも気に入らない。幸い本宮大社はそれを喧伝《けんでん》するようなことはしていない。熊野はそんなはやり言葉を使わなくとも、人を惹《ひ》きつける要素がたくさんある。

アイルランドやスコットランドの人びと、そしてそこから世界に散った移民の末裔《まつえい》たちがタラの丘やアイオーナ修道院に巡礼するように、平安時代、上皇や法皇は大斎原に鎮座していた社殿をめざした。本宮（熊野坐神社《くまのにますじんじゃ》）参拝は熊野御幸の最大の目的だったのである。それは同時に、主祭神家津御子《けつみこ》大神の本地仏阿弥陀如来を拝むための旅でもあった。

熊野へ参らむと思へども　徒歩《かち》より参れば道遠し　勝《すぐ》れて山峻《きび》し　馬《むま》にて参れば苦行ならず　空より参らむ　羽賜べ若王子《たにゃくおうじ》

後白河法皇撰《せん》の歌謡集『梁塵秘抄《りょうじんひしょう》』の一節だ。難行苦行は覚悟のうえとはいえ、山道の余りの厳しさに「熊野の神様、羽をください」と叫びたくなる。そんな気持ちを表している。

それだけに本宮にたどり着き、参拝を果たした時の感激はひとしおだった。天仁二年（一一〇九年）十月二十六日に本宮に詣でた藤原宗忠は日記『中右記《ちゅうゆうき》』に「落涙《らくるい》抑え難く、随喜感悦《ずいきかんえつ》せり」と記している。そのあと宗忠は湯峯温泉で「いい湯だな」とリラックスしている。濡れ草鞋の入堂と湯峯の湯で「水垢離《みずごり》」と「湯垢離《ゆごり》」を済ませたわけだ。

ニューグレンジに圧倒された

ケルトと熊野には「石塊《せきかい》へのこだわり」という共通点がある。鶴岡真弓氏は、ケルトのそれを次のように解説している。

古代のケルトには大地から生えたような「石」そのものへの信仰があった。岩山の信仰が聖ミカエルの降臨する場所として伝えられるようになるなど、ケルト文化圏では「石」や「巌《いわお》」が聖地として崇拝される民間の伝統があった。（『図説　ケルトの歴史』河出書房新社、一九九九年）

「島のケルト」には先史時代の石造物が各地に残っている。アイルランドとスコットランドの旅で、私は代表的な遺跡をいくつか見た。アイルランドではニューグレンジの巨大な塚、「巨人のテーブル」と名付けられたバレンの支石墓（ドルメン）、スコットランドで

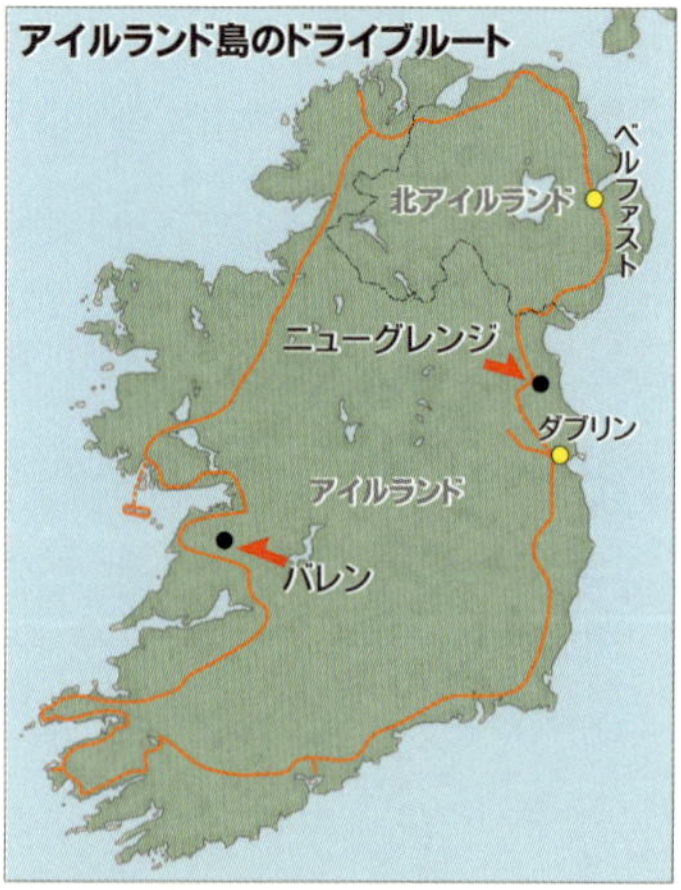

アイルランド・ニューグレンジの巨大遺跡

はルイス島やアラン島の立石（スタンディング・ストーン）や環状列石（ストーン・サークル）などだ。

これらの石の遺跡は、ひところケルト人がつくったものと見られたが、今では彼らがやって来るよりずっと前からそこに建っていた、と考えられている。例えば、ルイス島カラニッシュの立石は紀元前三千年頃から建て始められたそうだ。これは新石器時代にあたり、イングランドの有名なストーンヘンジも同じころの建造物と思われる。

ともにどのような民族の手になるか謎だ。二〇一四年九月に読んだ英文記事（ワシントン発ロイター・AFP時事）によると、ヨーロッパの先史時代の民族は①四万年以上前からヨーロッパにいた狩猟・採集民②中東方面から七千年ほど前に来た農耕民③シベリアからやってきた狩猟民である北方ユーラシア民族、などが混じり合った人びとだったという。北方ユーラシア民族は一万五千年以上前に「氷の橋」を通って北米大陸に渡った、と考えられる。

ニューグレンジの入口にある、渦巻き模様が彫られた石

紀元前五、六百年ごろヨーロッパ大陸からアイルランドやスコットランドに渡ってきたケルト人たちは、先住民が築いた建造物に圧倒され、「神の作品」と思ったことだろう。彼らはその場所で豊作を祈り、収穫を感謝し、また太陽を仰ぐ儀式などを行った。一部はケルトの王や有力者の墓として利用された。

ストーンヘンジでは、夏至の日にケルトの祭司者（ドルイド）役を務める人など古代ケルトにあこがれる人びとが集まり、巨石の間から昇る日の出を迎える。

ケルト神話によれば、最後にアイルランド島にやってきた征服者は先住のダーナ神族を破り、アイルランド人の祖先になった。敗れたダーナの神々は海の彼方の常若《とこわか》の国（ティル・ナ・ノーグ）や石造物の地下に向かい、妖精となって生き延びた。先史時代の墳墓や巨石は異界への「出入り口」でもあった。

ニューグレンジは首都ダブリンの北方約六十キロに位置する。アイルランド人や移民の末裔《まつえい》にとっての聖地タラから遠くないところだ。そこでひときわ目立つのが中華鍋を伏せたような形の巨大な建造物である。周りの石積みが修復され、太陽に白く輝いている。その白と上部の芝生の緑の対比が美しい。今から約五千年前の建造物と言われるから、エジプト・ギザの大ピラミッド（クフ王のピラミッド）より古い可能性もある。

ガイドの女性に率いられて、ニューグレンジの入口から羨道《せんどう》の奥へと進む。天井は身をかがめずに歩ける高さだ。二十メートルほどいったところに十字型をした部屋があった。

「冬至の朝に太陽がここまで差し込み、部屋を照らします。そう設計されているのです」との解説だ。ニューグレンジは単なる墓ではなく、太陽神や地母神を祀る場所だったのかもしれない。

ガイドの説明に、エジプトのアブシンベル神殿を訪ねた時のことを思い出した。ラムセス二世によって建てられた巨大神殿の最奥に至聖所があり、太陽神ラーとラムセス二世像などが並んでいる。年に二回、二月と十月のそれぞれ一日だけ、朝日が列柱の間を通って至聖所に差し込み像を照らすそうだ。残念ながら、私はどちらの遺跡でも「朝日の神秘」は見ていない。

ニューグレンジとケルトを結び付けるのは、その入口に置かれた横長の石である。一面に渦巻き模様が彫られている。もし後からきたケルト人が彫ったのなら、彼らはこの遺跡をケルト風に模様替えしたことになる。

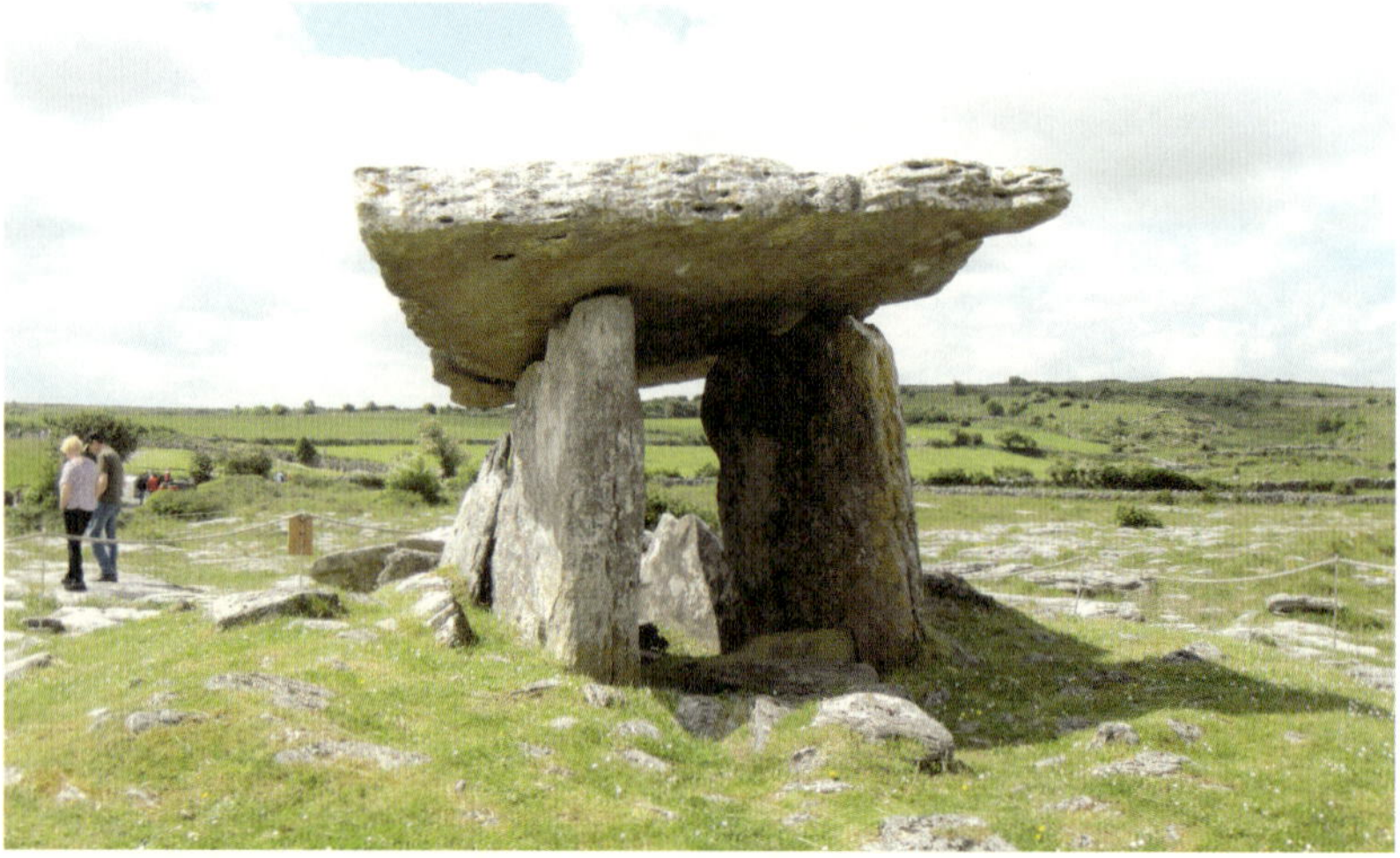

アイルランド・バレンの「巨人のテーブル」

一方「巨人のテーブル」はアイルランド中西部の観光地モハーの断崖から少し内陸に入ったバレンというところにある。石灰岩台地のそのあたりには、石の支柱の上に平たい大石を乗せたドルメンが数多く残っているが、とりわけ大きいのが「巨人のテーブル」と名付けられた。蓋の石は何トンもありそうだ。機械もない大昔にどうやって乗せたのだろうか。発掘調査で、骨で作ったペンダント、石製のビーズなどが出土した。副葬品である。

案内板によると、バレンは紀元前四千二百年から紀元前千四百年頃まで埋葬や儀式の場だった。新石器時代から青銅器時代にわたる。鉄器を携えてこの地にやってきたケルト人たちは、ここを墓地や祭祀の場所として利用したのだろう。

「巨人のテーブル」から五キロほど北にあるアーウィーの洞窟は石灰岩層に水がしみ込んで出来上がった。古代人たちは安全で雨風をしのげる洞窟に住んでいたのかもしれない。

スコットランドの島に巨人が集う

スコットランド西部の大西洋に浮かぶヘブリディーズ諸島で最初に訪れたのがルイス島だった。本島のアラプールで大型フェリーに車を積み、三時間ほどでストーノウェイに着いた。島で一番大きい町だが人口は六千人ほど。ヘブリディーズには羊こそたくさんいるけれど、いったん町を出ると人に出会うことは少ない。

立石（スタンディング・ストーン）群のあるカラニッシュはストーノウェイの西四十キロ、島の反対側にある。ルイス島はヘブリディーズ諸島最北の島。樹木はまれで荒涼とした風景が続く。

小高い丘の上に不思議な光景が現れた。まるで巨人の集団が周りを威圧するように、巨石が十数本かたまって立っているのである。近づいてみると、円形に並んでいる立石の真ん中に一番背の高い石が据えられている。その高さは五メートルもあろうか。長年の風化のためか、立石はそれぞれ形や高さが違い、背格好が異なる巨人の会合のよ

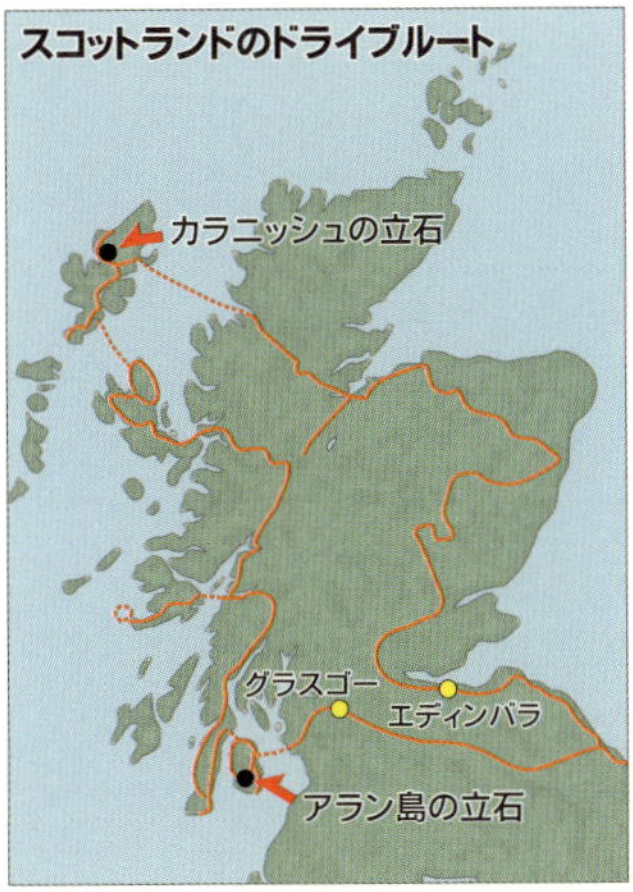

スコットランド・ルイス島カラニッシュの立石

うだ。

私たちが訪れたのは夕刻だった。雲が垂れ込め、薄暗い雰囲気の中で今から五千年も前から建て始められたという立石群をながめていたら、彼らがしゃべり出しそうな気がしてきた。

立石の間で若い男女がなにやら音を奏でている。男性はサークル中央の一番高い石に向かって長い笛を吹く。聞けばオーストラリアの原住民アボリジニの楽器で、ユーカリの木で作るそうだ。腹にしみるような低音が「石の壁」に跳ね返る感触を楽しんでいるという。

女性のほうは、仏壇などで見かける椀状の鳴り物（りん）を右手に持ち、左手の小棒で鳴らしている。

「仏教のカネよ。ここに似合いそうな気がして、こうして遊んでいるの」

カラニッシュには、ニューグレンジ入口の石に彫られた渦巻き模様のような、ケルトを感じさせるものはない。ただ立石の間を海風が通り過ぎるだけだった。

案内板によれば、紀元前二千九百年から同二千六百年頃、円形に配置された石の中央にひときわ高い石が置かれる基本形ができたという。その後、紀元前二千年頃、円の外側にまで立石群が広がり、建造は紀元前八百年ごろまで続いた。

カラニッシュを訪れたケルト研究家の武部好伸氏はこんなふうに想像する。

カラニッシュの立石に向かって仏具を鳴らす女性。音色が雰囲気に合うそうだ

後年、この地にやって来たケルト人は、この奇妙な石の造形物を目の当たりにして、さぞ吃《びっ》驚《くり》したに違いない。「何だ、これは?」と。きっとミステリアスなものに映ったはずだ。そのうち「こんなすばらしいモノを放置しておく手はないぞ」と、ドゥルイド（ドゥルイド教の神官）がここを祭祀の場に決め、部族の繁栄、安全、五穀豊穣《ほうじょう》を祈願した。そして彼らの宗教がキリスト教に飲み込まれていってからは、この地が

妖精たちの住処《すみか》になった。ケルトの妖精はドゥルイド教で崇《あが》められていた神々の成れの果ての姿なのである。ひょっとすると、今わたしがいる場所の地下深くに小さな妖精たちがたむろしているかもしれない。（『スコットランド「ケルト」紀行』彩流社、一九九九年）

スタンディング・ストーンはスコットランドのアラン島にもある。アラン・セーターで有名なアイルランドのアラン諸島は樹木が少ない厳しい環境だが、キンタイア半島がその手で抱え込んでいるようなスコットランドのアラン島は緑豊かなリゾート地である。

そら豆の形に似たこの島の中西部の海岸から少し入ったマッフレー・ムーアに立石はあった。小さな島だからすぐわかるだろうと高をくくっていたが、なにせ人が少ないし、道路標識もわかりにくい。家の戸口にいた人などに二度聞いて、ようやくそれらしき駐車場を見つけたが「ストーンサークル（環状列石）入口」としか書いていない。

牧草地を歩くこと十五分。丸っこい石が円形に並んだストーンサークルに着いた。小高いところに行って周囲を見渡すと、ありましたありました。五百メートルほど先に縦長の石碑のような大石があたりを睥睨《へいげい》している。それがアランの立石だった。

羊のふんを避けながら近づいてみると、一番高い四メートルほどの石のそばにさらに二つの立石があった。草が刈られた場所に円形状に平たい石がいくつか残っているから、元はその全体が立石のサークルだったのだろう。

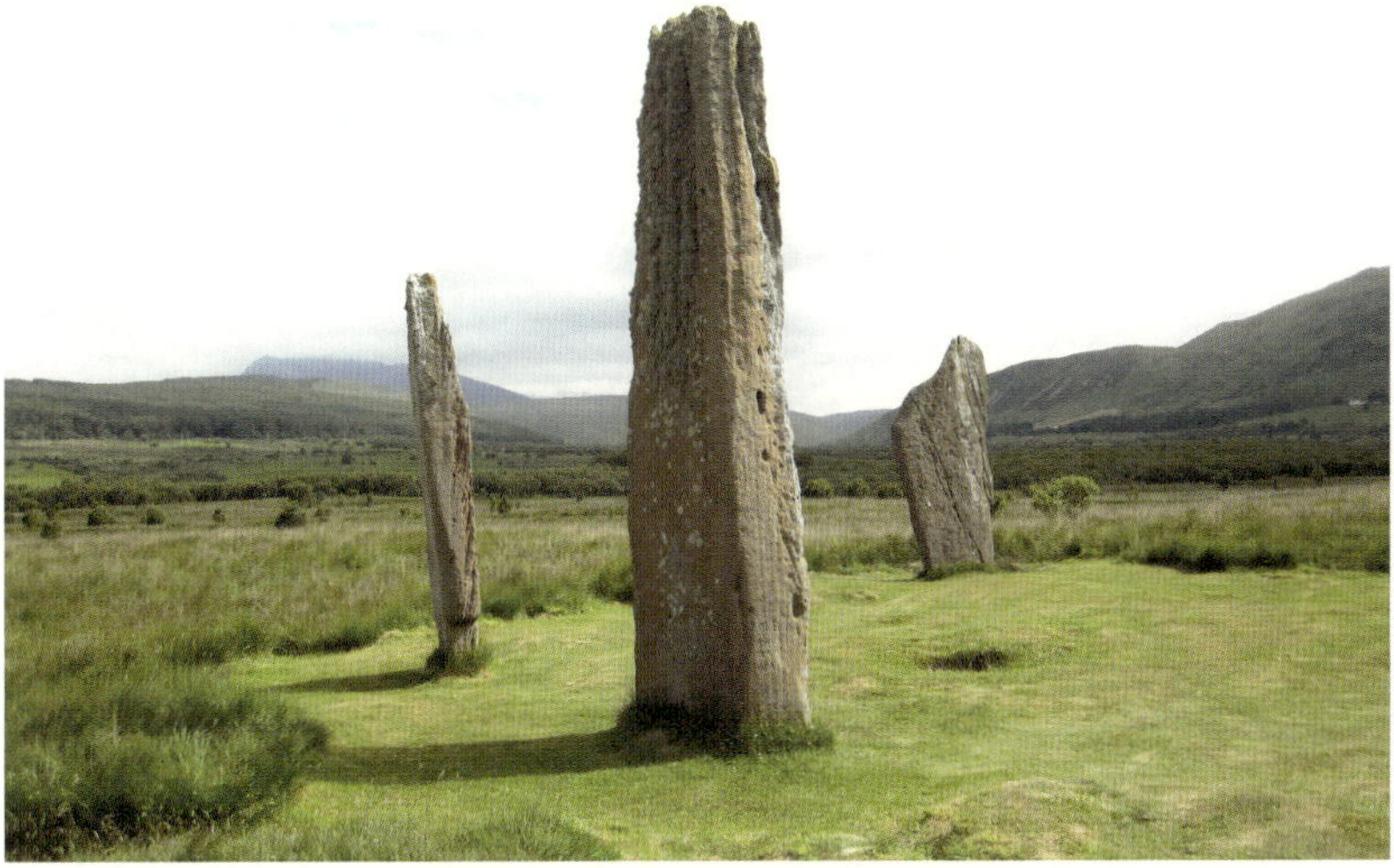

スコットランド・アラン島の赤い立石

三本の立石はどれも赤っぽい色をしていた。アラン島産の砂岩である。石の赤と草の緑、そして空の青が奇妙にマッチして、ここもケルト神話に登場する妖精の舞台にふさわしい。

これらのスタンディング・ストーンはルイス島カラニッシュの立石と同じく新石器時代から青銅器時代にこのあたりに暮らした先住民の作品と思われる。似たような遺跡が周辺に点々と残る。

「コロやソリぐらいしか運搬道具はなかったろうに、どこからどうやって運んで、どう建てたの？」

「島のケルト」よりさらにさらに遅れて訪れた私は、赤石にそう問いかけたが返事はなかった。

神々が宿る熊野の巨岩

「島のケルト」は新石器時代までさかのぼる先住民がつくった石の建造物を利用し、そこで祭祀をとりおこなったり、そのもとに宗教指導者や王を埋葬したりした。

石への崇拝なら熊野も負けてはいない。太古の火山活動が残した巨石や巨岩がそここにあり、カミがそこに降臨し宿る聖なる場所として祈りを捧げられてきたからである。

イザナミの墓所とされてきた花の窟《いわや》、御燈祭《おとうまつり》の舞台となる神倉山のゴトビキ岩は有名だが、ほかにも心惹《ひ》かれる磐座《いわくら》は少なくない。ここでは私が選んだ四カ所（丹倉《あかくら》神社、まないたさま、神内《こうのうち》神社、斎ケ丘《いつきがおか》神社）について語りたい。

三重県熊野市育生町にある丹倉神社は、私を熊野に招いてくれた社でもある。まだ奈良県明日香村に暮らしていた頃のこと。二〇〇八年十月五日付の朝日新聞日曜版を開いて驚いた。杉の大木の間に球形に似た巨大な石がデンと構えているではないか。神社といっても社殿はなく、大石の前に石の祭壇が築かれているだけだ。

大きなカラー写真からはみ出るような石の迫力に圧倒され、現場を訪れた。「クマに注意」という張り紙を横目に山中を走ったが、場所がわからない。軽トラで通りかかった人に聞いて、ようやくたどりついた。
わからないはずだ。道から急な石段を下ったところに巨石は鎮座していた。『熊野市史』によれば、寛延三年（一七五〇年）に木本浦《きのもとうら》（熊野市の海岸部）の人が湯立釜《ゆたてがま》を寄進したというから、その信仰は古く、信者も広範囲にわたっていた。

熊野に移り住んだ後、二〇一〇年十一月七日には秋祭りも見学した。地元赤倉でアマゴを養殖している中平孝之氏の尽力で復活した祭りである。九十歳のおばあさんが綯《な》った注連縄《しめなわ》を張ったご神体に向かって、専門の神職ではない九十二歳の長老が祝詞を捧げる。そんな素朴さが自然信仰には似合う。奈良から駆けつけた若い女性が巫女を演じ、太鼓の音に合わせて舞った。

都会から来た人を連れて行って喜ばれるのは、熊野市有馬町の山間にある「まないたさま」だ。イザナミが火の神カグツチをそこで産んだという言い伝えが残る産田《うぶた》神社の裏手の山道をたどると池川集落に着く。そこに車をおき、石畳の参道を谷へ五百メートルほど下ったところに「まないたさま」が祀られている。

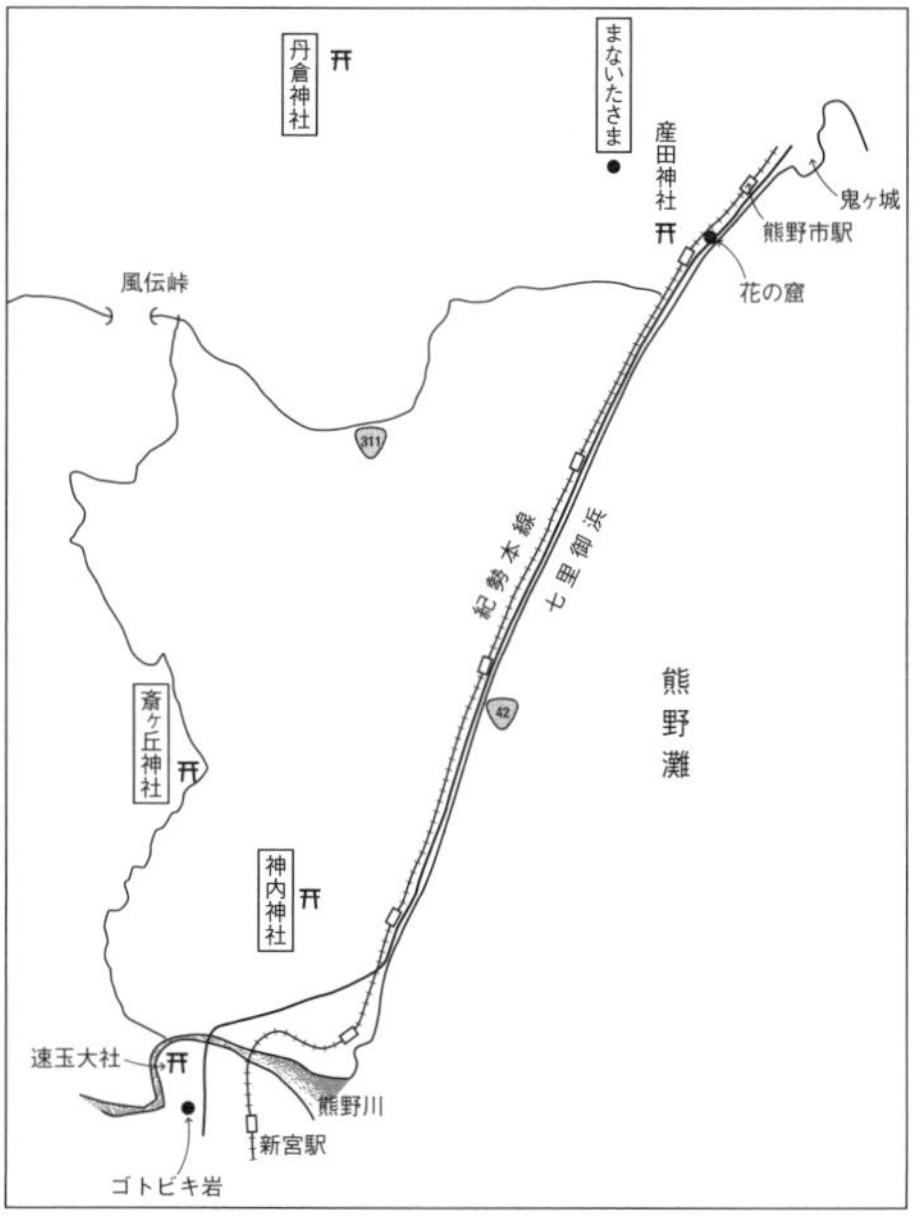

丹倉神社の例祭。大岩の前で巫女が舞った

谷間の不思議な空間「まないたさま」

谷川の脇にふたつの大岩が重なり、小さな木の鳥居が建つ。大岩の間の薄暗い空間をのぞくと、長方形の石がおさまっている。自然のものか、人の手が入っているのかわからないが、まな板のような形をしている。日本神話に登場する「天《あめ》の真名井」が、長方形の石から「まないたさま」に転じたのだろうか。

「沖縄の斎場御嶽《せいふぁうたき》によく似ている」。宗教思想学者の久保田展弘氏は案内した私にそう言った。斎場御嶽は琉球王朝の最高神職者、聞得大君《きこえのおおきみ》の祈りの場だった。子宝・安産のカミとして今も参拝者の多い「まないたさま」は、黒潮を通じて沖縄の御嶽や韓国・済州島の堂《たん》（森の聖所）とつながっているのだろうか。

三重県紀宝町神内の神内神社もすばらしい。明治三十九年の『南牟婁郡神社明細帳』によれば、「神社近くにある逢初森《あいそめのもり》にイザナキ・イザナミ二神が天降《あまくだ》り一女三男を産んだので産土《うぶすな》神社と崇《あが》めた。よって村名を神皇地《こうのち》と称したが、いつの頃か神内村になった」という。

斎ケ丘神社に宮司の篠笛の音が響く

花の窟やゴトビキ岩に引けを取らない巨岩を守り包むかのように、クスノキ、ホルトノキ、イヌマキなどの木々が繁る。とりわけ根元近くがはちきれんばかりに盛り上がったクスノキの大樹は、力強く神々しい（九十九ページに写真）。脇を流れる清流、巨岩、大樹と自然信仰の条件がすべてそろった神社といえよう。

人びとがそこに躍動する「いのち」を感じたからだろうか、神内神社は「子安神社」とも呼ばれ、安産を願う参拝者が多い。

もうひとつ、私が気に入ったのは三重県紀宝町大里にある斎ケ丘神社である。新宮市の阿須賀神社の西俊行宮司に誘われ、二〇一二年三月四日の例祭を見学した。

集落の山手に赤い鳥居が建つ。そこから苔むした石段が続き、その先に上部がせり出した大きな磐座があった。巨岩の下に小さな赤い祠《ほこら》が三つ並ぶ。右が稲荷大明神、中央が三光大明神（アメノミナカヌシ・タカミムスヒ・カミムスヒ）、左が菅原道真をそれぞれ祀っているそうだが、もともとは大岩を崇めていたのだろう。

神事を終えた西宮司が篠笛《しのぶえ》で「熊野古道」を演奏した。澄んだ音が小雨にけぶる磐座と杉林に染み渡った。

無社殿神社に祈りの原型を見る

太古の火山活動が残した巨岩や大岩壁とともに、熊野では大樹も崇拝され畏怖《いふ》された。熊野は紀の国であり、木の国である。そこは古《いにしえ》から建築材や船材の供給地だ。石と並んで樹木をご神体とする神社が多いのは自然の成り行きだった。熊野の古代人にとって、巨樹は島のケルトのスタンディング・ストーン（立石）に相当する祈りの対象だった。

熊野市の丹倉《あかくら》神社や「まないたさま」、紀宝町の神内《こうのうち》神社などは社殿をもたない。木を崇《あが》めてきた神社も無社殿のところが少なくない。もともとカミは自然物に宿り、稲作が広まった後は春に山から里に下りて、秋にまた山に帰るとされた。立派な社殿を建てるようになったのは大陸から建築方法や屋根瓦がもたらされた寺院の影響である。だから「社殿のない神社」は神社の原型により近い。熊野は飛鳥や奈良など「みやこ」から離れていた分だけ信仰の原型を今に残しているともいえよう。

私はひところ熊野の社殿のない神社をせっせと巡り、その祭りを見学して回った。そのいくつかを紹介しよう。

紀伊半島の南端、和歌山県串本町田並の矢倉《やぐら》神社は国道42号から田並川を二、三キロ上流に向かい、さらに川

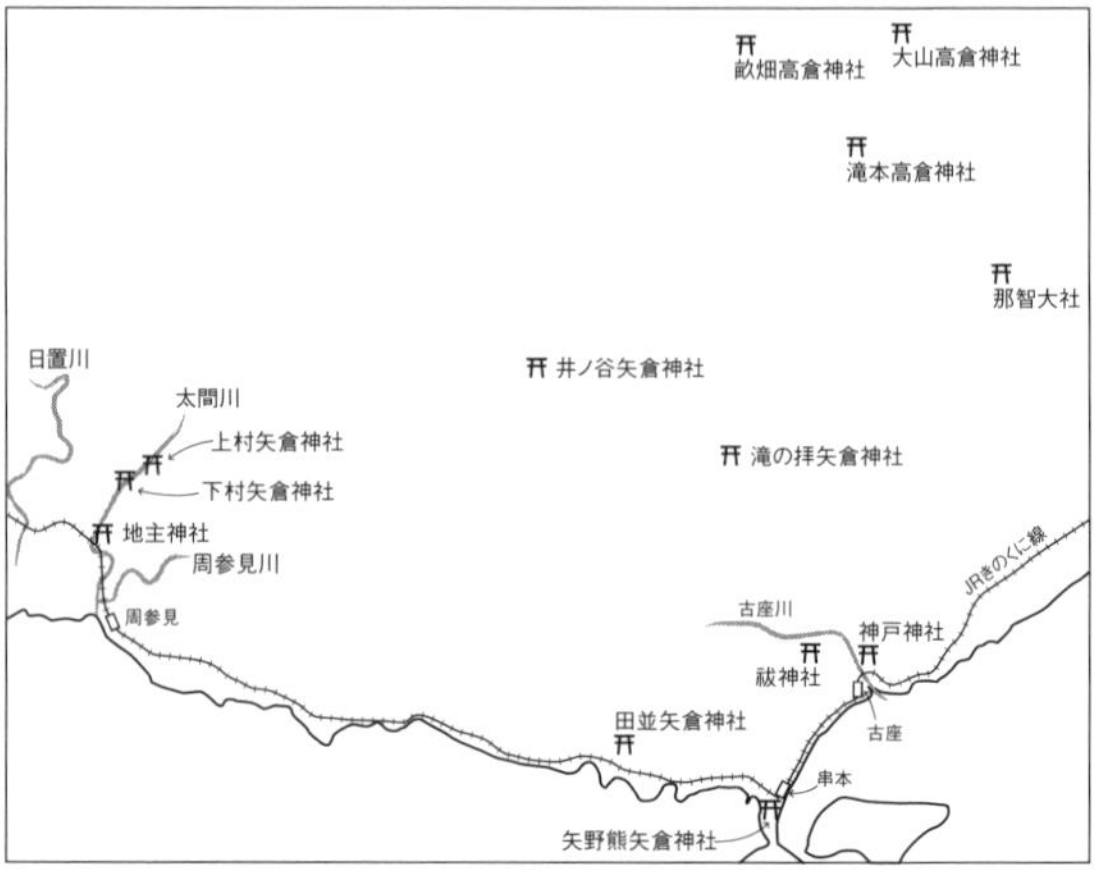

から左手の山に入ったところにある。杉の大木のもとに簡素な石組みがあり、その上に割れ目の入った丸石が置かれている。ただそれだけで社殿はない。

背後の斜面には岩の一部が露出している。石組みの両脇に寛政四年（一七九二年）と明治二十年の年号を刻んだ石灯籠が建っている。昔は「矢倉大明神」と呼ばれていた。

私が訪ねた二〇一二年の祭りは十一月八日だった。丸石に「紙しで」が飾られている。午前八時、掃き清められた小さな境内にお年寄りを中心に二十人ほど氏子が集まった。神職は祝詞《のりと》の後、湯立て神事で湯に浸した笹の葉を低頭した人たちの頭上で振った。笹は参加者に一本ずつ配られ、家の玄関に貼り付けて無病息災のお守りにする。儀式らしい儀式はそれでおしまい、とても素朴な祭りだった。

「昔、流行病《はやりやまい》が広がったときに、山の向こうの三尾川《みとがわ》からここの大杉に天狗が天降り、病が収まった。それを感謝して社をつくった、と子どもの頃聞きました」。昭和十八年生まれの阪田洋好氏はそう語る。「旱《ひでり》のときここで夜中に般若心経《はんにゃしんぎょう》をあげ、雨乞いをした。そのあと不思議に雨が降った」というお年寄りもいた。田並の矢倉神社の歴史はさほど古くないかもしれないが、神社の古形を残している。

串本町田並の矢倉神社のお祭り

南紀に多い矢倉神社の「矢倉」とはどんな意味か。何に由来するか。これはなかなか難しい問題だが、たとえば紀州藩が編纂した地誌『紀伊続風土記《しょくふどき》』はこんなふうに書いている。

方言に山の嶮峻《けんしゅん》なるを倉といふ　嶮峻の巌山《がんざん》に祭れる神を矢倉明神と称する事多し　大抵は皆巌《いわお》の霊を祀れるにて別に社《やしろ》なし

和歌山県すさみ町の山中にも太間川《たいまがわ》に沿って社殿のない神社がいくつかある。入谷《いりたに》地区の地主《じのし》神社では、ふたつの大岩の間に榊《さかき》が植えられ、その手前の石組みの上に酒瓶が置かれていた。背後の山の頂近くは大岩壁になっている。ここは『紀伊続風土記』のいうような光景だ。

地主神社の上流、下村地区に鎮座する矢倉神社にはコンクリート製の小祠が建てられているが、もともとは無社殿だったのだろう。

下村から太間川をさらにさかのぼった上村地区の矢倉神社は、斜面に石組みがあるだけの典型的な無社殿神社である。境内には

祓の宮の祭礼で踊る氏子たち

文久二年（一八六二年）の石灯籠が建ち「藪《やぶ》太郎境内の檜《ひのき》の価《あたい》をもってこれを造建す」と彫ってあった。「藪太郎」というのは昔、近くにあったお宮のようだ。その境内の木を伐ったお金で灯籠を建てたと思われる。

『紀伊続風土記』は牟婁郡周参見荘太間川村の項で次のように記している。

○日生《ひおう》矢倉明神森　境内森山周九十六間
小名上村の奥にあり一村の産土《うぶすな》神なり　社なく木を祭る

地元には「上村と下村の矢倉様は夫婦神だ」という言い伝えがあるというから、併せて「日生矢倉明神森」への信仰を引き継いでいるのだろう。

古座川をさかのぼった和歌山県古座川町月野瀬に鎮座する祓《はらえ》神社（祓《はらい》の宮）も社殿を持たない。『紀伊続風土記』

に「秡明神森」という名で「一丈廻りの櫟木を神体《しんたい》として祭る　古より社なし」とある。櫟《くぬぎ》は中世文書の『熊野山略記』で「イチイ」と読ませているからイチイガシのことではなかろうか。イチイガシは熊野本宮大社の旧社地・大斎原《おおゆのはら》で熊野権現がその梢《こずえ》に三枚の月として降臨した聖樹である。

古座川に接する祓の宮は、燈籠の間の石段を上ったところに石組みの祭壇があり、その奥にイチイガシの大木がそびえている。ここには「社殿を建ててはいけない」との禁忌《きんき》があるそうだ。

二〇一二年十一月二十五日の祭礼の日、対岸から小舟に乗せてもらい古座川を渡った。このあたりは水深が他よりあって「祓の瀬」と呼ばれている。「黄泉《よみ》の国から逃げ帰ったイザナキノミコトはここで禊《みそぎ》をした」という言い伝えもある。熊野から奥駈道《おくがけみち》を通って大峯山《おおみねさん》に向かう修験者たちが身を清める場所でもあったという。

いただいたシトギモチ

午前十時、神職が舟で到着、太鼓の音とともに祭りが始まった。祝詞など二十分ほどで儀式は終了。階段の下の平地に氏子たちがめいめい坐って食事、私も寿司と、たき火で焼いたシトギモチをいただいた。シトギは水につけておいた米をすり鉢で粉にしたもの。初めて食べたシトギモチは、ほんのり甘くおいしかった。

自然信仰の根強さが熊野の魅力

古座川筋でもうひとつ、「神戸《こうど》神社」も社殿がない。紀州藩の地誌『紀伊続風土記《しょくふどき》』は牟婁《むろ》郡三前郷《みさきのさと》高川原村（現・和歌山県古座川町高池）の項で、「神殿明神森《こうどの》　村中にあり　木を神体とす」と記している。ここも二基の灯籠の奥に石組みがあるだけのシンプルな社で、背後に立つスダジイの大木がご神体だという。

神戸神社の例祭は火焚祭《ひたき》である。私が訪れた二〇一二年は十一月十七日の晩に行われ、地元の神保圭志氏が案内してくれた。

夕刻、神職のたたく太鼓で開式。祝詞、玉串奉奠《ほうてん》の後、木片や笹に火をつけた中に杉の丸太をどんどん投げ込む。真っ赤な炎がスダジイ、クスノキ、シイなどの大木を暗闇から浮き上がらせる。見ているこちらは、木々に燃え移りはしないかとハラハラする。実際、高枝をこがすことがあるそうだ。火は翌朝まで燃やし続けられる。

地元には材木商が多かった。言い伝えによれば、その昔、鳥居を建てようと神様にお伺《うかが》いを立てたところ「鳥居は要らぬ。その代り鳥居の高さより高く木材を燃やし、翌朝まで焚き続ければ氏子や家業の安泰・繁栄をもたらしてやろう」とのお告げがあった。それが火焚祭になった。

背後にイチイガシの巨木が立つ滝の拝矢倉神社（古座川町小川）

矢倉《やぐら》神社の所在は山間地とは限らない。ＪＲ紀勢本線の串本駅近く、線路沿いにもある。ここ矢野熊の矢倉神社には石の鳥居、天保七年（一八三六年）建立《こんりゅう》の石灯籠、石組みの拝所があるだけで建物はない。氏子の中には昔の網元がいたから、社殿を建てる資金がなかったわけではない。「建ててはいけない。建てると不漁になる」という禁忌《きんき》があったのだ。同行してくれた鈴木清氏によると、明治政府は「こんな石や木の信仰は野蛮だ。社殿を造れ」と命じたが、氏子は従わなかったそうだ。熊野の自然信仰の根強さを物語るエピソードである。

滝の拝矢倉神社は古座川の支流、小川《こがわ》にある渓流瀑「滝の拝」近くに住む礒田《いそだ》行智・好子夫妻宅の裏山にある。測ったら幹回りが四・六メートルもあったイチイガシの根元に石組みがされ、享保十七年（一七三二年）建立の石灯籠が置かれている。

滝の拝が巨木信仰だとしたら、井ノ谷矢倉神社はその磐座《いわくら》が見る人を圧倒させる。同社は七川《しちかわ》ダムから平井川をさかのぼり、さらに井ノ谷の奥へ分け入ったところに鎮座する。『紀伊続風土記』に「牟婁郡七川谷郷井野谷村の矢倉明神森」として載っているのが井ノ谷矢倉神社であろう。

「村端にあり　木を神とす」とあるが、あたりに大きな木は見えない。この地区は過去に何度も水害や山崩れに見舞われたというから、大岩だけが残ったのかもしれない。石灯籠には嘉永や文久など幕末の年号が刻まれている。

「矢倉神社」「矢倉明神」といった名の神社は串本町、古座川町、すさみ町、白浜町一帯に多い。これに対して新宮市熊野川町の赤木川やその支流沿いには「高倉神社」が数多くある。日足《ひたり》、赤木、小口の高倉神社にはいま社殿があり、それぞれ高倉下命《たかくらじのみこと》を祭神としている。『古事記』『日本書紀』によると、熊野に上陸した神日本磐余《かむやまといわれ》彦《びこ》（神武天皇）の軍勢は「熊野の神」の攻撃を受けて失神状態になってしまう。その危機を救ったのが物部一族の高倉下である。あたりに神武東征伝承があるからだろう。高倉神社は高倉下を祭神にしているが、元々は大岩や巨木への信仰に始まった祭祀の場所が川沿いに広がっていったのではなかろうか。

神戸神社の火焚祭（古座川町高池）

それをうかがわせるように、大山、滝本、畝畑《うねはた》など奥地の高倉神社は今も社殿を持たない。形はどこも似てお

二つの大岩が迫る井ノ谷矢倉神社（古座川町平井）

り、石灯籠の間に石を数段組み上げた祭壇がつくられている。背後の樹木や岩がご神体なのだろう。

自然信仰の神社が古座川、日置川《ひきがわ》などの流域では矢倉神社と名付けられ、熊野川町の山中では高倉神社と呼ばれる。大岩や樹木の前に祭壇の石組みを築くという同じような形をしているのに、なぜ地域によって別の名前で呼ばれているのか、興味のあるところだ。

そこに祀られている神について、「空神《そらがみ》」「天狗」「猿田彦」などと言い伝えられてきた例が、双方にある。天狗は空中を飛ぶ。天孫降臨のニニギノミコトを道案内した、と神話が語る猿田彦は長身で高い鼻だったというから、どこかで天狗と合体したと思われる。

熊野灘沿岸に最初に定着したのは黒潮に乗ってや

ってきた海の民であろう。船材を求めて山に入った彼らが大岩や大樹を崇拝したのが矢倉神社の始まりかも知れない。

海の民の中には鉄、銅、水銀など鉱物を探して山中深く分け入った人たちもいただろう。高倉下は高天原《たかまがはら》から落とされた刀剣「韴霊《ふつのみたま》」を神武に献上、その霊力が神武軍を救う。それは刀剣づくり、たたら製鉄、探鉱などとの関わりを想起させる。熊野古代史の研究家、下村巳六氏は「高倉下は、採鉄、採銅部族だったと推定される」(『熊野の伝承と謎』批評社、一九九五年)と述べ、澤村経夫氏は「神剣を奉じた高倉下命は、また鍛冶神であるといわれる。速玉社(熊野速玉大社)に奉仕する神楽人の鍛冶人こそ、征服された高倉下命の姿をあらわすものだろう」(『熊野の謎と伝説』工作舎、一九八一年)と書いている。

大地の女神に許可を請う

神話や伝承の主人公の座を女神・女性が握っている。それが「島のケルト」と熊野に共通する特徴だ。地母神にせよ、女性戦士にせよ、ともかく女性が目立つのである。

まずケルト神話から見てみよう。

アイルランド民族の祖になるミレシア（ミレー）族が上陸し、国を治めていたダーナ神族の都に進軍した時のこと。ミレシア軍の先頭に立つドルイド僧アマーギン（アマーン）は土地の精霊である三女神に出会う。小辻梅子、山内淳編『二つのケルト』（世界思想社、二〇一一年）から双方のやり取りの一部を紹介する。

暗い森を背景とした美しい浜辺に三人の女性が見えた。それぞれ金、銀、銅のローブをまとっている。アマーギンは彼女らが土地の精霊とわかった。

彼女らは歓迎の言葉を述べ「私たちの歌を聴きましたか」「地を敬いますか」「水を尊びますか」と尋ねた。アマーギンは「われわれはわれわれを支えてくれる大地を敬い、命を与えてくれる水を尊びます。われわれは大地から必要な分だけ受け取り、受け取った分はまた返します」と答えた。

ミレシア族は三女神と約束を交わしたことでその力を得て、ダーナ神族を倒し、アイルランドの主となった。


三女神はそれぞれ自分の名を新しい国の名前にするよう勧めた。

そして、三番目のエリゥ（エリン）がアイルランドの古名になったという。


女神（地母神）に大地や自然を大事にすることを誓い、はじめて土地の使用を許される。これは「人間が自然より上位にあり、自然を征服することが発展である」という考えとは一線を画す思想だ。そこには「絶対神―人間―自然・動物」といった序列、人間の傲慢さはない。ケルトが自然との共生を重んじた例証である。

ドルイド僧と土地の精霊との対話を読んで、宮沢賢治の童話「狼森《オイノもり》と笊森《ざるもり》、盗森《ぬすともり》」を思い出した。かいつまんで紹介する。


小岩井農場の北にある四つの松の森のところに四人の男たちがやってきた。そこが気に入り、開墾して住もうということになった。四人はてんでに好きな方向を向いて、声をそろえて叫んだ。

「こゝへ畑起してもいゝかあ」

「いゝぞお」。森が一斉に答えた。

「こゝに家建ててもいゝかあ」

アイルランド南東にある「国立ヘリテージ・パーク」では昔の暮らしを再現しようと煮炊きの実演をしていた

「ようし」。森は一ぺんに答えた。

「こゝで火たいてもいいかあ」

「いゝぞお」

みんなはまた叫んだ。

「すこし木貰《もら》ってもいゝかあ」

「ようし」

男たちは喜んで手をたたき見守っていた女やこどもらは、にわかにはしゃぎだした。こうしてその人たちは小屋をつくり、畑にソバとヒエをまいた。（『宮沢賢治全集8』ちくま文庫、一九八六年）

私はエンヤの曲が好きだ。アイルランドの歌姫の透明感のある声は心地よく耳に届く。エンヤの声は、彼女の国をつくり、そこに作物をもたらした女神のささやきのようだ。

実際、アイルランドには女神が丘や山をつくった話がたくさんある。井村君江著『ケルトの神話』（ちくま文庫）によれば、同国南西部の土地はカリャッハ・ヴェーリという名の土地の守護女神がつくったもので、彼女は太陽神ルーの妻ブイと同神と見られている。またティルテュ女神は自ら斧《おの》を振るい、アイルランドを緑の野に変えた。

水をつかさどる神々も多くは女神であり、泉・井戸・湖・川などには女神の名が多い。アイルランドで最長のシャノン川は女神シャナンから、スコットランド南部高地から北西に流れ、グラスゴーを通るクライド川は女神クロータからその名がついた。ミレー族に敗れたダーナ神族の名前も女神ダヌに由来するというから、女神だらけである。

アイルランドの古い神々たちの多くはキリスト教の普及とともに小さな妖精（シィ）となったが、中には多神教の神が初期キリスト教の聖人と関連しているようなケースもある。五世紀に布教した聖パトリックに次いで第二の守護聖人とされる聖ブリギッドである。

彼女は聖パトリックから洗礼を受け、アイルランド最初の女子修道院を建てたといわれるが、その実態はよくわかっていない。

興味深いのはキリスト教以前の神々の中に同じ名の女神がいることだ。このブリギッドはケルトの最高神ダグダの娘で、太陽神であるとともに家畜や語り部の守護女神でもあった。

松村一男氏は「アイルランドでは多神教からキリスト教への改宗に際して、他の地域のように激しい宗教対立はなかったという。それはおそらく、ブリギッドの場合のように、キリスト教によって多神教の神々が聖人として巧みに取り込まれた結果なのかも知れない」と述べている。（『図説　ケルトの歴史』河出書房新社）

熊野のヒロインはイザナミノミコト

熊野で女神といえば、なんといってもイザナミノミコトである。

夫イザナキノミコトと一緒に国を生み、神々を生んだイザナミは、火の神カグツチを産んだ時、ホト（陰部）を焼かれて死んでしまう。『日本書紀』の一書《あるふみ》はこの女神が紀伊国《きのくに》の熊野の有馬村《ありまのむら》に葬られた、という。そしてその祭りの様子を「土地の人びとは、この神の魂《みたま》を祭るにあたって、季節の花をもって、また鼓《つづみ》や笛や幡旗《はた》を用いて、歌い舞ってお祭りする」と記している。

イザナミを葬った場所は三重県熊野市有馬町にある花の窟《いわや》であると信じられてきた。花窟神社には本殿がない。上面が人面にも見える巨岩がご神体で、岩の下部のくぼみは「ほと穴」と呼ばれ、そこがイザナミの墓所とされる。

花の窟では毎年二月二日と十月二日の二回、お綱掛け神事が催される。巨岩の上から下ろした「お綱」を氏子や観光客が引っ張り、その端を境内の柱につなぐ。素朴で古代の香りがするお祭りだ。

ケルトは「三」の数字を大事にした。アイルランド民族の祖といわれるミレシア（ミレー）族に土地の使用を

花の窟に下がる三本の縄幡。アマテラス・ツクヨミ・スサノヲを表わすという

認めたのは三女神だった。熊野人も「三」が好きなようで、お綱掛け神事では巨岩の上から下げられたお綱には三本の小縄でつくった「縄の幡《はた》」がつく。三本の縄幡は『日本書紀』がいうイザナキとイザナミの子、すなわちアマテラス、ツクヨミ、スサノヲの三貴子を表わしている。

他にも「三」は少なくない。熊野三山（本宮大社・速玉大社・那智大社）は本宮と新宮に那智が加わって平安時代に成立し、それぞれの主祭神を互いに祀《まつ》っている。那智の滝は落ち口の岩盤に切れ目があり、水流が三本に分かれて落下することから「三筋の滝」とも呼ばれる。

『日本書紀』がイザナミを有馬に葬ったと記しているからだけでなく、熊野ではイザナミ人気が高く、イザナキの影は薄い。

花の窟にはイザナミがこの世を去る原因となったカグツチの墓所といわれる拝所もあるが、イザナキを思い起こす伝承はない。「カグツチを産んだところ」と言い伝えられてきた近くの産田《うぶた》神社の祭神は当初はイザナミ・カグツチ母子だけだった。


熊野三山でもイザナミは引っ張りだこだ。本宮大社の主祭神、家津御子《けつみこ》大神はスサノヲノミコトと同神だという。本宮には「ご祭神が『自分と同じように母イザナミを祀れ』といわれたので、花の窟からイザナミノミコトをここにお迎えした」という伝承がある。

那智大社の主祭神である夫須美《ふすみ》大神はイザナミと同神とみなされている。速玉大社の十月の例大祭のクライマックスである御船祭《みふねまつり》は夫須美大神の祭りだ。イザナミは熊野三山の主役なのである。


どうしてイザナミが熊野でもてはやされるのか。

イザナミは自らの命を賭《と》して豊穣《ほうじょう》をもたらした地母神であり、イザナミ・カグツチ神話の原型は遠い昔に南の島から黒潮に乗って熊野にたどり着いた。私はそんな考えをもっている。神話の原型は「女神（地母神）が死に、その死体から穀物がもたらされた」というものだ。このタイプの神話は「死体化生《かせい》型神話」と呼ばれている。

熊野全体をつかさどる神が女神、しかも地母神であるというのは、「島のケルト」と似ているではないか。

熊野を聖地とする修験道も、その地を女性原理が働く場所と考えているようだ。修験道は自然界のすべてに霊魂（アニマ）が宿っているとするアニミズムに神道、仏教、密教、陰陽道《おんみょうどう》などがミックスされた山岳宗教だ。

那智の滝は「三筋の滝」ともいわれる

吉野と熊野を結ぶ大峯奥駈道《おおみねおくがけみち》の中間地点に「両峯（両部）分け」という拝所がある。孔雀岳と釈迦ケ岳の間に位置する両峯分けから北の吉野側を金剛界《こんごうかい》、南の熊野側を胎蔵界《たいぞうかい》と見なすそうだ。『広辞苑』によれば、密教が説くふたつの世界のうち、胎蔵界は大日如来を慈悲または真理の方面から説いた部門だ。「胎蔵は母胎の意で、一切を含有することにたとえる」というから、熊野は母性の強い地と考えられてきたようである。

私は以前、地元のテレビ

局のインタビューを受け、「あなたにとって熊野はどんなところか」と聞かれた。とっさに「母親の胸に抱かれるような、なつかしさを感じるところ」と答えた。

私が今暮らす熊野や、最近ドライブして回ったアイルランドやスコットランドに共通して、どこか「やさしく」「なつかしい」空気が漂っているように感じるのは、そこが女神・地母神の郷《さと》だからかもしれない。

闘う女性メイヴとニシキトベ

女神・地母神から、たくましい闘う女性に話を移そう。「島のケルト」の神話を代表してメイヴ女王に、熊野の伝承からは丹敷戸畔《にしきとべ》にご登場願うことにする。

メイヴはアイルランドのコノート（コナハト）国の女王である。どうやら嬶天下《かかあでんか》だったらしく、夫のアリル王を差し置いて国の決定権を握っていた。そのうえ負けず嫌い。夫婦で宝石から家畜まで持ち物を張り合ったが、アリルが所有する雄牛にかなう牛を持っていない。それが悔しくて、家来に八方探させた結果、ライバル国アルスターのクーリーに素晴らしい雄牛がいることを確かめた。メイヴはその牛欲しさにアルスターに戦争を仕掛けたのである。「クーリーの牛争い」の物語だ。

彼女は自ら戦車に乗って戦場を駆け巡るが、アルスターの英雄クー・フリン（ク・ホリン）がコノートの軍勢相手に超人的な活躍をする。両国の戦いの結果にはいくつかの説があるようだ。

一説によるとメイヴ女王はコノートを支配した後にアルスターの者の手にかかって死んだという。井村君江氏はその死後を次のように描いている。

スライゴー郊外に広がる先史時代のキャロウモア遺跡。背後のノックナリー（クノックナリ）山頂にある石積みはメイヴ女王の墓と言い伝えられてきた

（アイルランド西部の都市）スライゴーのクノックナリの山の上にはいまでもメイヴ女王の墓があり、人々に崇拝されてゆくうちに、メイヴは豊饒《ほうじょう》と活力を司《つかさど》る女神となり、いつのまにか妖精の女王（マブ女王、夢を司る）と混同されてゆき、いまでも見えない姿で存在していると人々に信じられています。（『ケルトの神話』ちくま文庫）

クー・フリンは孤軍奮闘の末、戦場で倒れる。一方のメイヴは虚栄心が強く、何人も愛人を持つ野生の女だ。それでもアイルランドの人たちはメイヴが嫌いではない。自立した強い女性へのあこがれだろうか。

熊野のメイヴはニシキトベであろう。『日本書紀』によると、熊野灘で嵐に見舞われて兄二人を亡くした神日本磐余彦《かむやまといわれびこ》（神武天皇）は荒坂津《あらさかのつ》（またの名は丹敷《にしきの》浦《うら》）に上陸した。そこで丹敷戸畔と戦い、相手を殺した。その時「神が毒気《あしきいき》を吐き」神武の軍勢は失神状態に陥ってしまった。そのピンチを物部一族の高倉下《たかくらじ》が救う、という筋書きである。

神武軍は荒坂津上陸に先立ち、名草邑《なくさのむら》で名草戸畔を殺した。その「トベ（戸畔）」について岩波文庫版『日本書紀』の補注は「トベのトは戸、べはメの音転。女」と説明する。一方、寺西貞弘氏は「『戸畔』は男性に捧げられた尊称であろう」と主張する（『紀氏の研究』雄山閣、二〇一三年）。そうだとニシキトベも男になるが、「熊野灘沿岸を支配していた女族長」のほうがロマンがあるから、そう想像したい。

神武がニシキトベを殺したその時に「神が毒気を吐いた」というのだから、これはニシキトベ軍の攻撃であろう。那智山から熊野市にかけての一帯には太古の火山活動がもたらした銅、鉄、金などの鉱床があり、那智勝浦町の妙法鉱山は一九七二年まで操業していた。ニシキトベが鉱物資源を押さえていたとすれば、それを奪おうとした神武軍を鉱山におびき寄せ、有毒ガス攻撃をかけたのかもしれない。

浜ノ宮は、熊野灘沿岸に四カ所ほどある「ここぞ神武上陸地だ」と地元が主張した場所のひとつである。ニシキトベについての伝承は、以下のように那智勝浦町の浜ノ宮から狗子ノ川《くじのかわ》にかけての海岸線一帯に集中している。

那智勝浦町の熊野三所大神社に祀られている「丹敷戸畔命」

▽ＪＲ那智駅近くの熊野《くまの》三所《さんしょ》大神社《おおみわやしろ》の本殿脇に「丹敷戸畔命《にしきとべのみこと》」と彫られた石祠《せきし》がある。大神社の摂社で、地主神として祀られている。明治時代の神社台帳である「東牟婁郡神社明細帳」では大神社の境内社「丹敷戸畔神社」と記載されている。その裏山にニシキトベの屋敷があったという言い伝えもある。

▽付近の海岸は「赤色《あかいろ》の浜」と呼ばれる。両軍の戦いで流れた兵士たちの血潮で染まったという。

▽狗子ノ川の国道42号脇の小高いところに「神武天皇腰かけ石」という名の細長い石が置かれている。近くの海岸沿いの田んぼから移転された石で、そのあたりでニシキトベが殺されたと伝えられてきた。

和歌山県串本町二色《にしき》の小高い丘の上には、ニシキトベの墓と言われてきたところがある。周りの木を伐ってつくった空地に小さな石祠が建っている。「トベの森」と呼ばれ、地元の人たちはお参りを欠かさない。ニシキトベにとって神武との戦いは、侵略者から郷土を守る自衛戦でもあったのだ。

串本町二色でも那智勝浦町浜ノ宮でも、熊野の人たちは彼女のことをずっと忘れず、その鎮魂に心をいたしてきた。それは、アイルランド人がメイヴ女王伝説を引き継いできた心情と重なるような気がする。

神武上陸伝承地の中で一番北に位置するのが三重県大紀町錦だ。その地に生まれ育った奥野清見氏は著書『ふるさと錦』（ナショナルピーアール、一九八九年）で「ニシキトベは東南アジアを出自とする南方モンゴリアン系の海人《あ ま》族だった」「彼女は錦浦の先住部族の長で侵入者と戦った」「その墓は錦湾を見下ろす傘松塚古墳ではないか」などと述べている。

私も、ニシキトベがいたとしたら縄文、弥生の昔に黒潮に乗って南方からやって来た海の民の末裔《まつえい》だと思う。メイヴ女王のように先頭に立って戦い、戦場で倒れたのだろうか。

串本町二色の丘の上にある「ニシキトベの墓」

異教徒への巧みな布教

ユダヤ教、キリスト教、イスラム教。預言者アブラハムの流れを受け継ぐこれら宗教は中東の砂漠、荒野といった厳しい風土のもとで生まれ育った。その神は他神の存在を許さない絶対神であり、信者の移り気を「妬《ねた》む神」でもあった。

こうした代表的な一神教を除けば、世界各地の宗教や原始信仰はおおむね多神教だ。ヒンズー教、古代エジプトや古代ギリシャ、ケルト人の信仰や日本の神祇《じんぎ》信仰もその類に入るだろう。多神教の世界にはたくさんの神々がおり、多くのものに精霊が宿っている。

一神教・多神教とは異なる分類に世界宗教という基準がある。世界的規模で広がり、さまざまな民族の間で信じられている宗教で、キリスト教、イスラム教、仏教などがそれにあたる。釈迦（仏陀）を開祖とする仏教は一神教・多神教の区分けになじまない。古代インドから各地に移り、布教されるうちに他の宗教の影響を受けて色合いの変化をきたしたといえるからだ。

私が興味を覚えるのは、キリスト教や仏教という世界宗教が原始信仰・自然信仰、多神教の土地に入っていった時の「受容のされ方」である。これまで述べてきたように「島のケルト」と熊野は①ユーラシア大陸の両端の島国の、さらに端に位置する②沖を洗う暖流のおかげで気候は比較的温暖③雨量には差があるが、水が豊富で、空気は湿り気を帯びている④ローマや唐など古代帝国の支配を受けていない⑤地母神など女性原理が幅を利かせてきた、という共通点がある。これらの要素は、外来の思想、宗教の受容の仕方にどうからまっているのか、考えてみたい。

古代ケルトの宗教はドルイド教だった。ドルイドと呼ばれた指導者を中心とする太陽崇拝・自然信仰である。継続する天体の運行はケルト独特の渦巻き模様に象徴され、また永遠の命すなわち霊魂の不滅や輪廻転生《りんねてんしょう》という思想を生んだ。

ケルト神話の研究者、井村君江氏の言葉を借りると、太陽崇拝は世界中のどこでも見られる「宗教表現の原始的形式」である。伊勢に古くからあった日神《ひのかみ》・太陽神信仰がヤマト王権によって皇祖神天照大神《あまてらすおおみかみ》に「昇格した」、と私は理解している。井村氏は「ケルトのドルイディズムも太陽を、生命を育《はぐく》む源として、『偉大な光の創造主』『作物の豊穣神《ほうじょうしん》』として信仰していた」と述べている。(『ケルトと日本』角川選書)

アイルランド島へのキリスト教布教は五世紀頃から始まった。そこでは在来のケルトの信仰と新来のキリスト教とが多量の血を流すような闘争を見ることなく、独自の融合の道をたどった。「アイルランドでは一人の殉教

アイルランドのタラの丘にある聖パトリックの像

者も出さなかった」といわれるゆえんである。

独自の融合を先導したのがアイルランドの守護聖人とされる聖パトリックだ。ブリテン島ウェールズに生まれたとされるパトリックは、少年時代に奴隷としてアイルランドに売られた。脱走して戻った後、神学を学ぶためにヨーロッパ大陸に渡った。彼は夢の中で「アイルランドに戻ってきてください」という声を聞き、紀元四三二年に再び島の土を踏んだと伝えられる。

ドルイド教を信奉する地元の王や人びとをキリスト教に改宗させる道は平坦ではなかった。パトリックは在来勢力と闘いながらもケルトの信仰や慣習を頭ごなしに排除せず、キリスト教とドルイド教をうまく融和させる形で巧みに布教、改宗者を増やしていった。先に聖パトリックに次ぐ守護聖人・聖ブリギッドと同名のケルトの神がいたことに触れたが、多神教の神がキリスト教に取り込まれたのだとしたら、これもソフトランディングの一例だろう。

スコットランド・アイオーナ修道院の前に1200年以上立っているというハイクロス。聖書の物語が刻まれている

アイルランドやスコットランドの教会や墓地では、ハイクロスと呼ばれるケルト十字架をよく見かける。台の上に乗った背の高い石の十字架で、上部が円環になっている。円環はケルト人が崇拝した太陽を表わしている。十字と円環の組み合わせはキリ

スト教とドルイド教の融合の象徴でもある。

ハイクロスの中には、聖書の主要な場面の彫刻が施されたものもある。聖パトリックはシャムロック（クローバーなど葉が三枚に分かれている草の総称）を使ってキリスト教の三位一体《さんみいったい》（父なる神・子キリスト・精霊が一体であるという思想）を説いたという。ハイクロスに彫られた聖書物語と併せて、異教徒へ布教する工夫だった。

アイルランド島とは対照的に、キリスト教はヨーロッパ大陸の布教の過程ではしばしば在来・土着の宗教や神々を排除し、布教の邪魔になる神や精霊は悪魔や鬼にされた。

ドイツの詩人ハインリヒ・ハイネ（一七九七―一八五六年）はその著『流刑《るけい》の神々』の冒頭で「わたしはここで、キリスト教が世界を支配したときにギリシャ・ローマの神々が強いられた魔神《デーモン》への変身のことをのべてみようと思っている」としたうえ、次のように語っている。

キリスト教会は古代の神々を、キリストの勝利によってその権力の絶頂からたたきおとされ、今や地上の古い神殿の廃墟や魔法の森の暗闇のなかで暮らしを立てている悪霊たちである、と考えている。そしてその悪霊たちは、か弱いキリスト教徒が廃墟や森に迷い込んでくると、その誘惑的な魔法、すなわち肉欲や美しいもの、特にダンスと歌でもって背教へと誘いこむ、というのである。（小沢俊夫訳『流刑の神々　精霊物語』岩波文庫、一九八〇年）

古い神々が残ったアイルランド

ドイツの詩人ハイネの著書に触発を受けたのが日本の民俗学を拓いた柳田國男である。

彼は昭和二年（一九二七年）九月の「文芸春秋」五巻九号に寄せた「不幸なる芸術」と題する論文のなかで「ハイネの諸神流竄記《しょしんるざんき》（岩波文庫では「流刑の神々」。柳田はそう訳した）を読んで見ると、中世耶蘇教の強烈なる勢力は、終《つい》にヴェヌス（愛と美の女神ヴィーナス）を黒暗洞裡の魔女となし、ジュピテル（ローマ神話の主神）を北海の寂しい浜の渡守と化せしめずんば止まなかった」と述べている。（『定本柳田國男集』第七巻、筑摩書房、一九六八年）

柳田はキリスト教のもとで古い神々がたどった道を、天狗や河童など日本の妖怪と重ね合わせ「妖怪は神々の零落《れいらく》した姿」であるとした。妖怪のひとつ、河童について柳田は、それがもともとは「水の神」「水の霊」だったとして、この水霊への恐れ、つつしみを忘れ「それをかはる〳〵嘲《あざけ》り笑って居るうちに、終《つい》に今の様な滑稽《こっけい》な化け物にしてしまったのは、国民として少しく心苦しい次第だ」と告白している。（「川童祭懐古」『定本柳田國男集』第四巻）

アイルランド西北の街スライゴーに建つイエイツ像。スライゴーはイエイツの母方の故郷で、少年時代をそこで過ごした

ハイネや柳田が古い神々の「流竄」や「零落」を同情と哀惜の念をもって語っていることは間違いない。同じキリスト教化でも、ヨーロッパ大陸と「島のケルト」とでは古い神々の扱いが異なった。ケルト神話に残った古い神々である妖精（シィ）たちはキリストの眷属《けんぞく》にはなれなかったものの、悪魔や鬼として排除されることもなかった。アイルランドのケルト神話に出てくるダーナ神族は海の彼方や遺跡の地下に理想郷・常若の国をつくった。その住人の妖精として生き残ったのである。

踊りが好きでいたずらもするシィはアイルランドの人たちに親しまれている。それは首都ダブリンの街中に「国立レプラコーン博物館」があることでもわかる。レプラコーンは老人の姿をした小さな妖精で、靴屋を営んでいる。金を貯めこんでいるといううわさだが、なかなか捕まらない。

アイルランド人の詩人・劇作家でアイルランド民間伝承復興運動を率いたW・B・イエイツ（一八六五―一九三九年）編の『ケルト妖精物語』（井村君江編訳、ちくま文庫、一九八六年）の中に、妖精について次のようなくだりがある。

妖精とは、いったいどういうものであろうか？「救われるほど良くもないが、救われぬほど悪くもない堕天使」と農民たちは言い、「地上の神々」と『アーマーの書』（ケルズの書と並ぶ福音書の装飾写本）にはある。「異教の国アイルランドの神々のトゥアハ・デ・ダナーン（女神ダーナの巨人神族）のことで、もはや崇拝もされず、供物も捧げられなくなると、人々の頭のなかで次第に小さくなっていって、今では身の丈《たけ》がわずか二、三十センチほ

ダブリンの大道芸人たち。実にうまく化けている

どになってしまったのだ」とアイルランドの好古家たちは言っている。

なぜアイルランドでは古い神々が抹殺されたり悪魔にされたりしなかったのだろうか。

アイルランドに奴隷として売られ「土地勘」があった聖パトリックの巧みな布教が第一の理由だろうが、ほかにも「カトリックの総本山バチカンから遠く離れていた」「アイルランド島はローマに占領されなかった」などが挙げられよう。

「アイルランドに入ったキリスト教はローマ・カトリックではなく、東方キリスト教だったのではないか」という田中仁彦氏の指摘にも注目したい。田中氏は著書『ケルト神話と中世騎士物語』（中公新書、一九九五年）で次のように述べている。

キリスト教はこの地域では一人の殉教者も出さなかったと言われている。ここではキリスト教はそれほどすんなりと土着化してしまったのであるが、それは一つにはケルト人の宗教の側に、死後の魂の赴《おもむ》く「他界」の信仰をはじめ、キリスト教の教えと重なり合う多くの要素があったためであろう。だが、おそらくはそればかりではない。そもそもこの地域に入ってきたキリスト教そのものが、ケルト人の宗教と習合しやすい性格のキリスト教だったためということもあるのではないだろうか。それはつまり、このキリスト教がローマ・カトリックではなく、ローマ・カトリックの世界の周辺を通って、はるばるこの西の果てまで伝わってきた東方キリスト教だったのではないかということである。

田中氏は彼の想像を裏付ける材料として、ケルト的キリスト教独自の聖アンナ信仰を挙げる。聖母マリアの母である聖アンナへの信仰は東方世界で二、三世紀頃に成立した聖書の外伝「原ヤコブ福音書」を出所とする。ともに敬虔《けいけん》なヨアキムとアンナの夫婦が再会をとげて接吻した時に、アンナがマリアを身ごもったという物語は、ローマ・カトリック教会では長らく認められなかったが、東方教会では早くから定着していた。ケルトの地母神はアナという名前だ。田中氏は「ケルトの大地母神アナは、キリスト教の受容とともに聖アンナと名前を変えた」と見ている。

「持ちつ持たれつ」の神と仏

「島のケルト」のキリスト教受容の次に、熊野における宗教の様相を振り返ってみたい。それは外来の世界宗教である仏教と、固有の自然信仰や神祇《じんぎ》信仰との関わりである。

六世紀のなかごろ、欽明天皇の時代に百済《くだら》から仏教が伝来した。その受容をめぐって蘇我氏と物部氏が対立した（というより崇仏・排仏が両者の権力闘争の材料になった）ことはよく知られている。

注目すべきは、仏が「蕃神《あたしくにのかみ》」つまり外国の「神」と見なされたことである。

『日本書紀』によると、「西の諸国は皆（仏像を）礼拝しています。わが国だけが背《そむ》くことができましょうか」と上奏した蘇我大臣稲目《そがのおおおみいなめ》に対し、物部大連尾輿《もののべのおおむらじおこし》と中臣連鎌子《なかとみのむらじかまこ》は「大王（天皇）のお仕事は国中の神々を春夏秋冬お祭りされることです。いま改めて蕃神を拝むことになれば、国つ神の怒りを招くことになりましょう」と反論した。欽明天皇は「では（仏像を）稲目に授けて、試しに礼拝させよう」と妥協案を出す。蘇我・物部の争いは前者の勝利に終わるのだが、崇仏・排仏に関係なく、結果は同じだったろう。

その後の神仏習合以前に、この国では多種多様な神同士が結びつく「神神習合」の時代が長く続いたとする鎌田東二氏は、仏教の受容について次のように述べている。

仏教的世界観と土着の神祇信仰とは根本的かつ原理的に異なっていたにもかかわらず、その新来の信仰は土着の伝統的な信仰のうえに習合され、重ね合わされ、根本的な同一性をもつものとして受け止められていくようになる。その原理的に異なる神仏を媒介し、結合させたのは日本の自然風土であり、列島民の自然感覚とコスモロジーであった。(鎌田東二、鶴岡真弓編著『ケルトと日本』角川選書)

仏教と神祇信仰の融合である神仏習合は奈良時代に始まり、平安時代に発展した。それはもちろん熊野だけの展開ではない。ただ神仏習合は熊野でその風土になじみ、明治新政府の神仏分離令の後も、今日まで「習合色」を濃く残しているように私には思える。熊野修験はそのひとつの姿である。

末木文美士《ふみひこ》氏は『日本宗教史』(岩波新書、二〇〇六年)で神仏習合には次の四つの形態があるとしている。

①神は迷える存在であり、仏の救済を必要とするという考え方。
②神が仏教を守護するという考え方。
③仏教の影響下に新しい神が考えられるようになる場合。
④神は実は仏が衆生《しゅじょう》救済のために姿を変えて現れたものだという考え方。

奈良県明日香村の向原寺《こうげんじ》の脇にある難波《なんば》池。物部尾輿が仏像を捨てさせた「難波の堀江」だという

①②は奈良時代からあり、③④は平安時代になって広まった。①の「迷い苦しむ神を仏が救う」という考えは神社の傍《かたわ》らに「神宮寺」を生む。②は護法神であり、東大寺の大仏建立《こんりゅう》を九州の宇佐八幡が援助したのがその一例だ。③は恨みをもって死に怨霊《おんりょう》になった人の霊を手厚く祀り、逆にそのパワーをもらうという御《ご》霊《りょう》信仰にみられる。その典型は全国の天満宮に祀られた菅原道真である。また④は「神は本来の仏が仮の姿として現れた」とする本地垂迹《ほんじすいじゃく》説《せつ》である。

いずれのケースも基本的に「仏優位」で展開するが、その場合でも神は仏に取り込まれてなくなるわけではなく、「持ちつ持たれつ」の関係を保つ。そのあたり、キリスト教がケルトのドルイド教を抹殺せずに巧みに取り込んでいった、アイルランドやスコットランドでの初期の布教と受容の形態に似てなくもない。

初期教会群があるアイルランド・グレンダーロッホのビジターセンターに展示されている古い墓標。ハイクロスが彫られている

熊野の神は本宮大社の旧社地の大斎原《おおゆのはら》で自らを「熊野三所権現」と名乗って以来、熊野権現と呼ばれてきた。権現とは仏が衆生を救うため仮の姿で現れる神号のひとつで、本地垂迹説をもとにしている。

今でこそ熊野三山の「主役」は本宮大社が家津御子《けつみこ》大神、速玉大社（新宮）が速玉大神、那智大社が夫須美《ふすみ》大神であることが当たり前に思われている。しかし、上皇や法皇の熊野御幸《ごこう》が盛んだった平安時代から近世に至るまで、熊野詣は神々の背後におわす本地仏を礼拝し、本地仏に現世の幸せと来世の往生を祈るための巡礼であった。本地仏は本宮が阿弥陀如来、新宮が薬師如来、那智が千手観音である。本宮と那智はそれぞれ阿弥陀と観音の浄土とされた。紀州藩の地誌『紀伊続風土記《きいしょくふどき》』は「那智山は禰宜《ねぎ》神主なく皆社僧なり」と記している。

吉野山、高野山、伊勢などと熊野三山を結ぶ古道は時代によってその中心軸が変化した。熊野御幸のころは田辺と本宮を結ぶ中辺路《なかへち》がメインルートだったが、観音信仰の高まりに伴って近世は伊勢と三山を結ぶ伊勢路が脚光を浴びるようになった。伊勢路は「神の世界と仏の世界を結ぶ道」でもあった。

熊野を聖地のひとつとする修験道も、仏教の流派である密教との結びつきが深いという意味で、仏教色が濃い山岳宗教である。密教は加持祈祷を重視し、それを通じて人々の病や災難を払うことを期待された。加持祈祷にすぐれた験者《げんじゃ》になるには山中で苦行を重ねなければならないとされた。修行者（山伏）は役小角《えんのおづぬ》（役行者）を祖と仰いで、熊野を抖擻《とそう》（山中修行）したり、行場に籠ったりした。

ケルトも熊野も寛容だった

熊野は果無山脈《はてなし》（奈良県と和歌山県の境に位置する山脈）の名の通り山また山の世界である。そこでは、元来の山岳崇拝や原始的な呪術《じゅじゅつ》に八百万《やおよろず》の神を信奉する神祇信仰がかぶさり、それを仏教（真言・天台密教）の教義が補強した。こうした思想に道教や陰陽道《おんみょうどう》がミックスされたのが修験道である。それは熊野の山野と風土に溶け込んだ。

明治新政府が発した神仏分離令やその後の廃仏毀釈《はいぶつきしゃく》運動などで、寺院や仏像の破壊、僧侶の神職への転向などが全国的に行われた。熊野もその例外ではなかったが、他の地域に比べれば神仏習合の形が今に残ったといえよう。

那智山では熊野那智大社と青岸渡寺が並んで建っている。一方は熊野三山の一角、もう一方は西国三十三所巡礼の第一番札所。その両雄が隣り合わせという風景に違和感を覚えないのは熊野ならではである。

本宮の旧社地である中洲（大斎原《おおゆのはら》）には、時宗の開祖である一遍上人の「南無阿弥陀仏」の六字を刻んだ名号《みょうごう》碑がでんと建っている。名号を書いた念仏札を配りながら熊野詣をした一遍は、山中で出会った僧に受け取りを

隣合わせに並ぶ熊野那智大社と青岸渡寺

拒まれショックを受けた。本宮大社に参拝した一遍の微睡《まどろみ》の中に現れた熊野権現は「信不信をえらばず、浄不浄をきらわず、その札を配るべし」と告げた。

「阿弥陀仏はすべての人を極楽に導く。自分の計らいで人びとを救えるというのはおこがましい考えだ。謙虚な心でだれかれとなく札を配れ」と諭された一遍はもやもやがはれ、念仏布教を続けたという。その逸話からも、本宮は本地仏である阿弥陀如来に救いを求める場だったことがわかる。

鎌田東二氏は、わが国の神道とケルトの宗教文化の共通点と相違点について語っている（『神と仏の精神史―神神集合論序説』春秋社、二〇〇〇年）。その要点を紹介したい。

同氏はまず、空間的・地理的観点から両

者には次のような共通点があるという。

①最終氷河期が終わった頃に、ユーラシア大陸の東の端と西の端が切り離され、それぞれが独自の島の文化を形成した。

②そこに冬至の信仰と渦巻き模様の象徴を持った墳墓や巨石文化が築かれた。

本宮の旧社地・大斎原に建つ一遍上人の名号碑

③そこには死と再生の信仰がみられる。

④東西の島の文化は魂の再生の信仰と自然信仰を基層に持っている。

⑤そうした信仰の上に、日本列島では海上に「常世《とこよ》の国」、ブリテン島やアイルランド島には西の海上に「常若《とこわか》の国」という他界があるとの信仰が芽生えた。

渦巻き模様はケルト模様の特徴であり、私が訪ねたアイルランドの巨大遺跡ニューグレンジは冬至を意識

初期キリスト教の装飾福音書「ケルズの書」を見るための行列（ダブリンのトリニティー・カレッジで）

してつくられている。「常世」と「常若」の相似についてはすでにふれた。鎌田氏は日本列島の縄文土器や古代人の蛇信仰などは「渦巻き」パターンと関連しており、太陽神を岩戸から呼び出す神事は冬至のころ行われた鎮《たま》魂祭《ふりのまつり》の起源を物語るものと考えている。

空間的・地理的な相似に対して、時間的・歴史的な観点から神道とケルトの宗教を比較した鎌田氏はまた、こうも語る。

日本における大乗仏教と神道とは、また、アイルランドにおけるカトリックとドゥルイド教は、それぞれ独自の仕方で習合し、基層信仰との重層的な習合を形成していった。しかしながら、ドゥルイド教がカトリックのなかに吸収されたのにたいして、神道は仏教と習合しつつもその固有の様式を保持しつづけるという大きな違いがあることも、見すごすことのできない東西文化の相違点である。

大筋ではその通りであろう。ただこれまで見てきたように、同じキリスト教でもヨーロッパ大陸と島国アイルランドでは吸収・排除の厳格さに差があったことも事実である。後者での布教には、地域の特性に合わせた寛容さが感じ取れる。

一方、一神教のキリスト教と比べると仏教は多神教的な性格を内包している。そして熊野には「貧者も病者も女人も、そしてどんなカミも」受け入れる懐の深さがあった。両者が相まって、熊野でカミとホトケは自然かつ濃密に結びついた。

「ケルトと日本」にそれぞれルーペをあて「島のケルトと熊野」をのぞいて見ると、「寛容さ」というイメージでくくれる共通点が浮かび上がってくる。

絶海の孤島に籠るケルト修道僧

アイルランドやスコットランドの初期キリスト教修道僧は、人里離れた森の中や絶海の孤島で独り神と向かい合った。その隠遁生活は、飛鳥、奈良の都や大寺院から離れて熊野の山中で自らを痛めつけ神仏に祈った古代の修行者・修験者を思い起こさせる。

アイルランド南西部のアイベラ半島にケルト修道僧の足跡を訪ねた。半島の先端に橋で渡れるヴァレンシア島がある。橋の手前の町ポートマギーの公衆トイレは外壁に花が飾られ、内部も素晴らしく清潔だった。それもそのはず「アイルランドのトイレコンクールで優勝した」と書いてあった。「島のケルト」の公衆トイレはどこもおおむねきれいで気持ちがいい。

橋を渡ったところに「スケリグ・エクスペリエンス・センター」があった。半島沖合の孤島スケリグ・マイケルでのケルト修道僧の生活ぶりが模

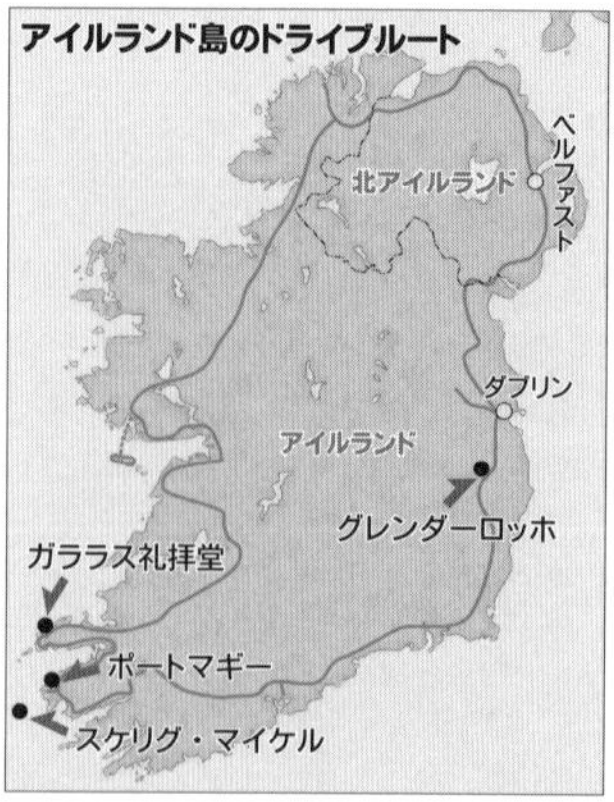

スケリグ・マイケルで祈りを捧げる修道僧の模型

型展示されている。樹木一本もない切り立った岩壁の上に石を積んでお椀型の住居兼礼拝所をつくった。そのかたまりが「スケリグ修道院」だったと説明にあるが、こんな岩山でどうやって暮らしたのだろう。わずかな土に麦や野菜を植えたのだろうか。

展示にある修道僧は雨風をしのぐフードの付いた茶色の粗末な衣服をまとっている。石積みの一部をとって内部が見えるようにした模型では、石の床にひざまずいた修道僧が祭壇に祈りを捧げている。ここは七世紀に聖フィニアンがひらき、十二世紀頃まで修行の場だったという。

現地を訪れたのは雨模様で波もある日だった。沖合十五キロほどに浮かぶスケリグ・マイケルには船着き場もなく、小さな船で行くしかない。「もうすぐボートが出るよ」と声をかけられたけれど、船は揺れそうだし、上陸後も「修道院」にたどり着くには急な階段を延々と上らなければならないときいて、あきらめた。

アイベラ半島の北側、これも大西洋に向け伸びているディングル半島には八世紀頃に建てられたというガラス礼拝堂が残っている。船体を逆さにしたように、最上部をとがらせる形に石を積み上げた建築物で、保存状態がとても良い。木村正俊氏は『ケルト人の歴史と文化』（原書房）に次のように書いている。

ケルトの修道院は、当初は大きな共同体を作る意思がなく開設された。一人の布教者が人里離れた地に簡素な小屋風の建物を造って活動を始めると、そこにしだいに多くの人が集まってきて、やがて付近の土地を開拓し、より大きな建物を建ててそれぞれの個室を持つようになった。各修道院は旅行者や病人を宿泊させる部屋を用意

ガラランス礼拝堂

し、慈善を施した。これがケルト社会のホスピタリティの伝統になったといわれる。

ガラランス礼拝堂もそんな経過で建てられたのであろうか。

「ケルトのホスピタリティ」といわれて、熊野の「善根宿《ぜんこんやど》」や「座頭《ざとう》引き」が浮かんだ。熊野古道・伊勢路が通っていた熊野市大泊町には、金や食糧を持たない巡礼者を無料で泊めた篤志家がいた。大泊の若山家には江戸後期を中心に、巡礼者がお礼に納めた「納札」が五千四百余枚も残っている。

一方、熊野本宮大社に近い温泉地・湯峯には貧しい参詣者用の「報謝湯」があった。「座頭引き」は盲目の巡礼の手を引いて案内すると村から日当がもらえるという江戸時代の福祉制度だった。

時代は異なるものの、「海のケルト」と熊野の双方に信心深い難渋者への優しい心遣いがあったのはうれ

グレンダーロッホの墓地と円塔

しい。

アイルランドの初期キリスト教会の遺構といえば、グレンダーロッホも見逃せない。首都ダブリンの南約四十キロの山ふところにある教会群や円塔（ラウンドタワー）である。

六世紀に聖ケヴィンがそこに修道院を建てたのが始まりという。アイルランドにおける初期キリスト教の聖地となり、九世紀にはヨーロッパ大陸の各地からも僧侶や学者が集まって繁栄したそうだ。

教会群の中央にある大聖堂は周囲の石の壁とアーチの一部を残すだけだが、高さ三十メートルのラウンドタワーは良く原型をとどめている。この円塔は地上に入口がない。それは三メートルほどの高さのところに開いている。初期のキリスト教会や修道院をしばしば襲ったヴァイキングの襲来のときに「はしご」をかけて塔内に逃れるため、というがそんなことで耐えられたのだろうか。

北方の海洋民ヴァイキングはアイルランドやスコットランドの歴史や文化に大きな影響を与えており。その血を引く人びとも少なくない。ケルトの小村だったダブリンは九世紀にヴァイキングに占領された。ダブリンの名は「黒い水たまり」というケルトの言葉に由来するそうだ。

グレンダーロッホはいまでこそ観光地のにぎわいを見せているが、聖ケヴィンがやってきた六世紀は無人の山間地だったに違いない。スケリグ・マイケルに渡った修道僧と同じに、彼も一人でその地に分け入り、瞑想と祈りの日々を送ったのだろう。

俗界を離れ山中に庵を編む

熊野の修行僧の荒行ですぐ思いつくのは最古の仏教説話集『日本霊異記』に出てくる気味の悪い話である。中田祝夫《のりお》全訳注の『日本霊異記　下』（講談社学術文庫、一九八〇年）から要約する。

称徳天皇（第四十八代の女帝。七六四年即位）が奈良の都を治められていたころ、紀伊国牟婁郡《きのくにむろのこおり》熊野の村に永興《えいごう》禅師《ぜんじ》という僧がいて海辺の人びとを教え導いていた。そこへ法華経一巻、白銅の水入れ、縄で作った椅子だけを持った僧がやってきた。一年経ったある日、この僧は「山に入って修行します」と永興禅師に別れを告げて去った。二年ほど後に、木を伐って船をつくるため熊野川の上流の山の中に入った村の人が法華経を読む声を聞いた。村人は読経の出所を探したが見つけられなかった。

それから半年経って、船を曳き出すためにまた山に入ると、読経の声はまだ続いていた。不思議に思って永興禅師とともに探したところ、かの修行僧が麻の縄を二つの足につなぎ、投身して岩につりかかって死んでいた。それからさらに三年が過ぎても髑髏《どくろ》の舌は腐らず、法華経を唱えていた。

捨身の行は、那智の妙法山で応照法師が火定《かじょう》（焼身自殺）をとげたという伝承や、那智の浜から観音浄土をめざした入滅行である補陀落渡海《ふだらくとかい》など、熊野にはいろいろ伝えられている。

奥深い熊野の山々は古《いにしえ》から僧侶や優婆塞《うばそく》（在家のまま仏道に励む人）、そして役小角（役行者）を開祖とする修験者たちの厳しい修行の場だった。修験道はアニミズム、神道、密教、道教、陰陽道《おんみょうどう》などがミックスした山岳宗教である。

笙の窟（辻田友紀氏撮影）

ともすれば権力や物欲にまみれた南都仏教に反発した僧たちは、俗界を離れて、都から遠い熊野にやってきた。修験者の中には吉野、大峯などの有名な場所をあえて避け、修行の地をより南に求めた人もいたことだろう。

吉野と熊野を結ぶ大峯奥駈道《おおみねおくがけみち》に「笙《しょう》の窟《いわや》」という霊地がある。大普賢岳（標高一七八〇メートル）に登る途中、そそり立つ大岩壁の下に口を開けた岩屋で、役行者ゆかりの靡《なびき》（修行場）だ。明治初年、林実《じつ》利《かが》という名の行者はここで千日籠《こもりぎょう》行を満行したという。こうした窟は、ケルト修道僧でいえば彼らが独り籠った石室に相当する祈りと籠りの場所である。

平安時代、上皇や法皇による熊野御幸《ごこう》の目的地だった本宮は阿弥陀浄土とされ、和泉式部《いずみしきぶ》など著名な女人も参拝した華やかなイメージがあった。しかし一方で、そこは僧や隠者の粗末な草庵や土室《つちむろ》がならぶ、ひっそりとした修行の場という一面も持っていた。

そのことは平安中期の僧で歌人でもあった増基の紀行文『いほぬし』の描写にうかがえる。「いほぬし」は庵主の意味だ。増淵勝一著『いほぬし精講』（国研出版、二〇〇二年）から、その部分の通釈を引用したい。本宮は「御山《みやま》」と呼ばれている。

それから三日目という日に、御山に着いた。（その御山の）あちらこちらを巡り歩いて見ると（いろいろ面白く）、庵室など二、三百ほどが、それぞれ思い思いに建っている情景もまことに趣深い。親しい知人の許《もと》へ行ったところ、（その知人は）蓑《みの》を腰に衾《ふすま》（夜具）のように引っかけて、榾《ほたぐい》材（木の燃えさし）というものを枕にして、そんな恰好のまま寝ていた。「もしもし」と声をかけると。（知人は）はっと目をさまして（起きあがり）、「早くお入りなさい」といって、（庵主を中に）入れた。（それから、）「ご馳走《ちそう》をしよう」といって、碁石入れの大きさのいもがしらを取り出して、（これを弟子に命じて）焼かせる。「これぞ（まさに）いもの親」と（知人が）いうので、「それでは、乳のような甘さがあるだろうか」と（庵主が）応じると、（知人は、）「（では、あなたではなくて）子どもにこそ食べさせよう」といって、もてなしてくれる。すると、そうしているうちに鐘が鳴ったので、御堂にうかがった。

増基法師が本宮を訪れたのは十世紀末か十一世紀初めではないかと思われる。旧社地の中洲（大斎原《おおゆのはら》）は修行者のメッカでもあった。鐘の音が聞こえたのだから、社殿からさほど遠くない所にたくさんの庵が並んでいたのだろう。

遠来の増基に修行中の友人が出したご馳走は、いま「ボウリ」などと呼ばれるサトイモの親イモだった。蓑を腰にかけて寝ている、燃えさし材を枕にしているなどの描写と併せ、質素で簡素な修行生活がうかがえる。そんな中でもふたりは「里芋の母」から「乳の甘さ」とつなぎ、「あなたではなく子に食べさせようか」といったユーモラスなやり取りを交わした。

険しい山道を越えて本宮にたどり着いた増基も、厳しい修行の合間に友と再会した人も、くつろいだ一夜だったことだろう。

アイルランド・ディングル半島に残る遺跡。蜂の巣に似た形から「ビーハイブ・ハット」と呼ばれる。初期キリスト教の修道僧もこんな小屋で生活したのだろうか

「棺桶船」でめざした新天地

アイルランド・ドライブ旅行の時期は六月を選んだ。五月はまだ寒そうだし、七月に入ると米国からの観光客や父祖の地を訪れる人がどっと増えると聞いたからである。

アイルランドは移民の国だ。十九世紀から二十世紀にかけて、多くの人びとが米国、英国、カナダ、オーストラリア、アルゼンチンなど各地に渡った。移民の末裔《まつえい》であるアイルランド系は世界中で七、八千万人にものぼるといわれる。約四百六十万人の本国人口に対して、とても大きな数字だ。

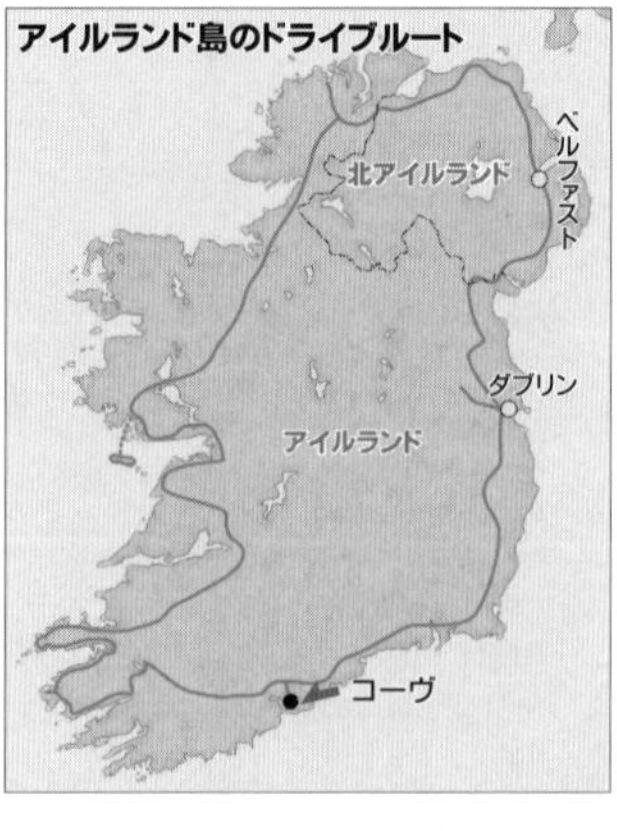

米国には四千万人近いアイルランド系の人たちがいるそうだ。彼らがルーツゆかりの地や聖地タラをめざしてやってくる。日本とダブリンに直行便はないが、米国はニューヨーク、ボストン、ラスベガスのほかに、「風と共に去りぬ」の舞台アトランタや、サンフランシスコ、ダラスなどとを結ぶ便があるという。

シーズン前と思った六月でも、あちこちでアメリカ人と出くわした。夫婦でもグループでも、彼らは快活であ

コーヴの「ヘリテージ・センター」には「棺桶船」といわれた移民船の模型が展示されている

けっぴろげだからすぐわかる。

アイルランド系アメリカ人からは大統領が何人も出ている。近年でもケネディ、ニクソン、レーガン、クリントンなどがアイルランド系という。オバマ大統領は父方はアフリカ系だが、母方にはアイルランドの血が流れているそうだ。

歴代大統領の中でも、アイルランドの人びとにとっての英雄、希望の星はジョン・F・ケネディ（J・F・K）だ。彼は曾祖父がアイルランド移民ということだけでなく、カトリックだったからである。プロテスタントが幅を利かし、「カトリックは大統領になれない」といわれてきたジンクスを破った。

二〇一三年のドライブで、ある田舎町に入ったときのことだ。物々しい警備で町の中心に近づけない。何事かと聞いたら、「キャロライン・ケネディさんが来る」とのこと。彼女は故J・F・Kの長女。オバマ大統領から駐日大使の指名を受ける直前で、その人事が取りざたされていた。キャロラインさんは十一月に東京に着任したが、その前に父祖の地を訪ねたのだろう。

アイルランドの「宿敵」英国が一目も二目も置かざるを得ない米国の大統領、しかもカトリックのJ・F・Kの娘とあれば「セレブ中のセレブ」だ。残念ながら私たちは「ケネディ様ご一行駐車場」のサインを見ただけで、ご尊顔は拝せなかった。

アイルランドが何百万人もの移民を出した大きな理由は十九世紀半ばの「ジャガイモ飢饉」である。疫病で主食のジャガイモが大凶作になる一方、ブリテン島に住む不在地主の苛斂誅求《かれんちゅうきゅう》にあい、多数の餓死や病死者を出した。食い詰めた農民は海外に生き残りをかけ、この時だけで百万人もが米国などに渡ったという。

アイルランド南部の港町コーヴは移民の出港地だった。海岸にある「ヘリテージ・センター」を訪ねた。移民の歴史や様子が展示されている。貧しい人たちは船底に押し込められ、新大陸に向かう途中で命を落とした例も多かった。移民船はまたの名を「棺桶船」といった。

コーヴは、現在の北アイルランドのベルファストで建造されたタイタニック号の最後の寄港地でもある。処女航海で米国に向かったタイタニックは一九一二年四月十四日深夜、北大西洋で氷山に接触して、翌日未明に沈没した。

1世紀前にタイタニックを建造した当時の世界最新鋭ドック

悲劇から百年とあって、建造したドックが残っているベルファストでもコーヴでも、タイタニックは観光の「目玉商品」になっていた。私は一九一二年四月十六日付のニューヨーク・タイムズ紙の一面を拡大コピーしたポスターを買った。「タイタニック、氷山に衝突後四時間で沈没。八百六十六人救助、千二百五十人死亡か。著名人多数不明」。それが第一報の大見出しだった。

映画「タイタニック」で描かれたように、豪華な一等船室とは対照的な三等船室には米国での新生活に明日を託した人たちが乗っていた。乗客乗員二千二百人のうち生存者は結局七百人ほどだった。その生存率の高さは一等、二等、三等船室の順で、貧しい人ほど助かる比率が低かった。

アイルランドほどではないものの、スコットランドからの移民も結構多かった。一七〇七年のイ

タイタニック沈没を伝えるニューヨーク・タイムズ紙

ングランドとの統合以来、スコットランドでは工業化が進み、技術を身につけた人や知識人たちが海外に雄飛した。『スコットランド文化事典』（原書房、二〇〇六年）は「海外のスコットランド人」の項目で、「スコットランド人の自慢は、世界で自身をスコットランド人と呼称する人が八千万人もいることだ」「人口はイングランドの十分の一のスコットランドがほぼ同数の出移民を出した」などと書いている。

スコットランド人は日本の近代化とも縁が深い。明治時代に商人として、また政府の「お雇い外国人」として、長崎で活躍した貿易商トーマス・グラバー、各地で灯台をつくったリチャード・ブラントン、工部大学校（東大工学部の前身）の初代校長ヘンリー・ダイアー、北海道開拓使顧問のエドウィン・ダン、「日本の近代水道の父」といわれるウイリアム・バートン、銀行制度の確立に貢献したアレグザンダー・シャンドらが当時来日し、力を尽くした。

海の彼方に幸せが待っている

海外雄飛なら熊野も話題豊富だ。太平洋に面し、黒潮が沖を洗う南紀は明治時代から海外への出稼ぎや移住が盛んな地域だった。

和歌山県太地町《たいじちょう》を例にとってみよう。

『太地町史』によると明治の中頃、十人の男性が太地から渡米し、農業や家事労働に従事した。アメリカ移民の草分けである。その一人、筋師千代市は明治二十五年（一八九二年）にカリフォルニアに渡り、明治三十四年に帰国、郷里で『初等　英語独案内《ひとりあんない》』を出版した。太地町歴史資料室が作成した『海を越える太地』（二〇一四年）にその表紙の写真が載っている。実生活で使える英語を短期間で習得したい人向けの独習書だ。裸一貫、異国に飛び込み、後に続く村民のために会話教本を作成したというのだから、大した先駆者である。

明治末年以降は、太地から渡米した人たちの大半がカリフォルニア州ロサンゼルス市サンペドロ地区のターミナル島に集まった。そこにはマグロやサバの缶詰工場があった。太地の人びとやその二世は缶詰工場で働いたり、漁師をしたりして暮らしを立てた。

1930年に来日したワリザー校長と教え子らとの記念撮影（太地小学校で。太地町歴史資料室提供）

ターミナル島では戦前の一九三〇年代に約三千人の日系人が生活していた。太地町歴史資料室学芸員の櫻井敬人《はやと》氏によると、昭和十年（一九三五年）の太地町の人口は三千七百七十人。当時、太地出身者で海外（米国中心にオーストラリア、カナダなど）に住んでいた人は五百四十九人もいた。移住者は壮年男性が多かったから、働き盛りの「海外比率」はかなり高かったと思われる。そのためだろうか、その頃太地では「町報」とは別に、海外に暮らす町民やその家族向けに地元のニュースを伝える「町報海外号」も発行していた。

ターミナル島の太地出身者のなかには、子どもたちに日本の教育も受けさせようと、郷里の小学校に送り出した人たちもいた。『海を越える太地』は、サンペドロの小学校長ワリザー女史が一九三〇年に南紀各地の小学校を訪問した時の写真を載せている。在米の父兄会が子どもたちを教えてくれた感謝の気持ちとして四千ドルを負担、日本に派遣した。ワレザー校長は太地小学校や新宮高等女学校などで教え子との再会を果たした。

アメリカ生まれの子どもたちは日本で進学する人、米国に戻る人にわかれたという。日米戦争で日系人たちはターミナル島から強制退去させられた。今、米国には太地出身の二世、三世、四世らが数多く暮らしている。サンペドロで設立された在米太地人会は二〇一五年に創立百周年を迎えた。十一月十五日、ターミナル島から遠くないレイクウッド市に米国内と日本からの関係者が集まって、祝賀会を開いた。

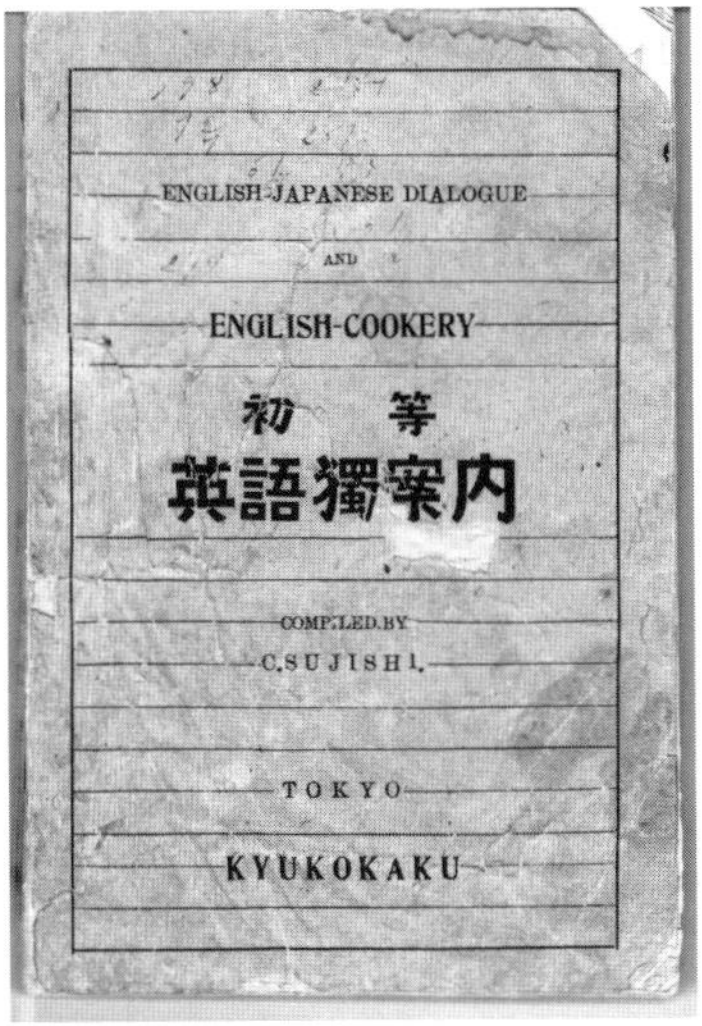

太地出身者がつくった『初等　英語独案内』（江利川春雄氏所蔵）

太地だけではない。近隣の那智勝浦町下里、宇久井、串本町田原地区などからも多くの人が海を渡った。私は串本町田並の天満神社を訪ねたことがある。菅原道真を祀《まつ》る、中世までさかのぼるという神社だが、ケヤキの大木のもとに並ぶ立派な本殿や拝殿に感心した。案内してくれた上野一夫氏は「米国やオーストラリアで一旗揚げて帰ってきた人たちが寄進した」と話す。

ロサンゼルスのターミナル島とともに、オーストラリアの木曜島、カナダ太平洋岸のバンクーバーやスティブストンも南紀からの出稼ぎ者、移住者が多かった場所だ。

木曜島はオーストラリア北東に突き出たヨーク半島の沖

合にある小島である。明治十年代から戦前まで同島にたくさんの紀州人が出かけた。海に潜って高級ボタンの材料になった白蝶貝《しろちょうがい》や黒蝶貝を採るダイバーたちである。その数は七千人、うち七割が新宮や串本など南紀の人たちだったという。運よく貝の中に真珠玉を見つけると、それはダイバーの「ボーナス」になった。

ダイバーは実入りも良かったが、きつく危険な仕事だった。潜水病や病気などで命を落とす人も多かった。木曜島の日本人墓地には身元の分かった人だけで約七百人が眠っている。

和歌山県美浜町三尾地区の人たちはもっぱらカナダに出かけた。三尾からの移住は明治二十一年（一八八八年）から始まり、バンクーバーやスティブストンを中心にサケ漁に従事したり、缶詰工場で働いたりしてお金を貯めた。昭和十五年（一九四〇年）の調査では、三尾村民のうちカナダ在住が二千五百人もいた。当時の三尾村の人口は千五百人だったというから、海外に住む人のほうが多かったことになる。米国と同じくカナダへの移民も戦争で途絶えた。三尾に帰って来たものの食糧難とあって、またカナダに戻った村民も少なくなかったそうだ。

このように熊野灘沿岸には祖父母や親戚が海外に渡ったという人がたくさんいる。だから海外体験や海外生活は珍しくない話題である。言葉を変えれば、「海の先にある外国」は意識の上でさほど遠い場所ではないのだ。

新宮市にある「佐藤春夫記念館」館長の辻本雄一氏から興味深い話を聞いた。作家の中上健次が、昭和四十年（一九六五年）に上京した時のことを後に振り返って「東京に行くのもニューヨークに行くのも一緒だった」と語ったそうである。熊野は東京から遠いとはいえ「ニューヨークと一緒」と思うあたり、南紀の人の〝距離感覚〟

オーストラリア・木曜島の日本人墓地（串本町提供）

があらわれてはいまいか。

中上は同級生で当時同じ四十歳の河村憲一氏との対談でも「おれは、居直るべきだと思っているんだ。東京とか大阪を相手にするなと。東京、大阪よりニューヨークのほうが近いんだから。ぼくの感覚はそうなんだ」と語っている。（『熊野誌』第五十九号、二〇一二年）

渡航や移民の理由は国により人によりさまざまだろうが、アイルランドやスコットランドと熊野灘沿岸の人たちにとってなぜ「海外の壁」が低かったのだろう。

耕地の少ない熊野、ジャガイモ飢饉で食い詰めたアイルランドなど経済的理由は大きかろう。しかしそれだけではあるまい。そこには「海の彼方への強いあこがれ」もあったのではなかろうか。

この国の古代人は海の彼方に理想郷・常世《とこよ》があると

信じた。これまで述べたように、それは「島のケルト」が常若《とこわか》の国（ティル・ナ・ノーグ）にあこがれる想いと似通っている。観音信仰の高まりの中で常世は補陀落《ふだらく》（海の彼方の観音浄土）と重なった。アイルランドや熊野の人びとは「海の向こうにより良い生活や幸せが待っている」という観念のＤＮＡを引き継いでいるような気もする。

古式捕鯨を研究したいと太地町に来た櫻井氏は「この地にはリスクを取って一発どんと当てたい、といった気風があったのでは」と話す。太地で発展した古式捕鯨（網取り式捕鯨）は鯨の行く先に網を下ろし、勢子《せこ》船が鯨を追い込む。鯨がとれれば儲かるが、失敗すると投下した費用が大きいだけ損もかさむ漁法である。そんな捕鯨の伝統と、個人の工夫や能力が物をいう漁業一般の性格が相まって、「自分のため家族のために、はたから見ると思い切った行動に出たのではないか」というわけだ。

反骨が島のケルトのバックボーン

スコットランドに学んだ主人公が日本でウイスキーづくりに挑む。ＮＨＫの連続テレビ小説「マッサン」をみて、昔の一場面を思い出した。

三十七年ほど前のことだ。私はエディンバラ郊外の小さな村に数か月滞在した。最初の晩、村に二軒あったパブのひとつをのぞいた。カウンターの中に初老の男がいた。

「スコッチを」と注文した私に、おやじさんはこう返事し、にやりとした。

「スコッチは置いていない。ウイスキーならあるが」

ウイスキーはケルトの言葉でウシュクベーハー（生命《いのち》の水）だ。地元産以外は「生命の水」じゃない。カウンター越しに、そんな郷土愛が伝わってきた。

当時、スコットランド沖の北海油田の生産が本格化していた。

「イングランドは三百年前にこの国を飲み込み、今度は油を奪おうとしているんだ」。おやじさんは、そうもいった。

二〇一四年九月十八日、スコットランドで英国からの独立を問う住民投票が行われた。一七〇七年のイングランドとの統合を白紙に戻すかどうか、二者択一の選択だった。八五％という先進国では異例に高い投票率の結果は、独立賛成四五％に対して反対が五五％だった。国の「分解」は回避されたものの、百六十一万人もの人が賛成票を投じたのは驚きでもある。

私たちがスコットランドをドライブしたのは投票の三か月前だった。賛成派は青字に白いX型の十字が描かれたスコットランド国旗を掲げ、自宅の窓ガラスに「Ｙｅｓ」のステッカーを張る。「Ｎｏ」や「Ｎａｗ」（ケルトの言葉、ゲール語でＮｏ）の表示は「Ｙｅｓ」より少ない。泊まった民宿（Ｂ＆Ｂ）は食堂の窓ガラスに「反対」を張っていたが、女主人は「孫が張っていったの」と言い訳気味だった。

スコットランドは国力や人口で圧倒するイングランドの影響下に置かれてきた。三百年前の統合も実際は「吸収合併」に近いものだったろう。カトリックとプロテスタントという宗派の違いも絡《から》んで、反イングランド感情は根強い。

それでも、いざふたを開けたら、独立反対が十ポイントも上回った。旅行中に私は「これはハート（心）とヘッド（頭）の戦いなんだ」という声を聞いた。心情は独立でも、経済や暮らしのことを冷静に考えると二の足を踏む、といったところか。そして結果は「ヘッド」が「ハート」を抑え込んだ。

ウイスキーと生産がピークを過ぎた北海油田だけではやっていけない、という判断だったのかもしれない。

こちらは「反対」。泊まった民宿の食堂のガラスに張ってあった

民宿の隣家には独立「賛成」のステッカーが

「独立したら大銀行が南に逃げる」「通貨ポンドは使わせない」「欧州連合（ＥＵ）に入れてもらえないぞ」といった反対派の脅しもあった。

しかしこれは第一ラウンドだ。「再度、住民投票を」という声が今後盛り上がるだろう。二〇一五年五月七日に投開票された英国総選挙で、「独立」を掲げてきたスコットランド民族党（ＳＮＰ）がスコットランドの五十九議席中五十六議席を取り、圧勝したからだ。独立に至らなくても、中央政府からのさらなる権限委譲などで、連合王国（イングランド・スコットランド・ウェールズ・北アイルランド）の有り様《よう》は確実に変わる。

アイルランドの反英感情は、スコットランドの比ではない。いや今なお英国を「憎っくき国」と思っているアイルランド人は少なくない。

なにしろこの国は十二世紀後半のイングランド軍侵攻以来、八百年近くも英国の支配を受けたからである。う

北アイルランド・ベルファスト西地区の「壁」。カトリック・プロテスタント居住区を隔て、いろいろな壁画が描かれている

ち一八〇一年の併合から百二十年間は搾取と差別に苦しみ続けた。一九一六年の「イースター蜂起」などの反英闘争が弾圧・制圧されたほか、最近まで英国領北アイルランドではカトリックとプロテスタントの過激派の闘争が続き、多くの血が流された。

　現在の北アイルランドでは大きなテロ事件は起きていない。だがベルファストの西地区にはカトリックとプロテスタントの居住地区を隔てる「壁」が残っている。

　そのアイルランドでも「英国」は人びとの生活や経済に深くかかわり、田舎の風景はイングランドそっくりだ。人びとの対英、対イングランド感情には「愛憎相半ばする」ものがあるように思えた。

　今回の旅行でこんな体験をした。

二〇一三年六月二十四日。私たちはアイルランドの首都ダブリンの繁華街テンプルバーにいた。通りに面したパブから音楽が聞こえてきた。ちょうど昼時だったので、食事がてら入ってみることにした。

帽子をかぶった老人と初老の男がギターを弾きながら歌っていた。ひとわたり終えた後、帽子の老人が「さあリクエストしてください」と客たちに語りかけた。

ハンガーストライキで獄中死した反英の闘志ボビー・サンズを称える壁画（ベルファスト西地区）

アメリカ人だろうか、客のひとりが「It's a long way to Tipperary（遥かなるティペラリー）をやって」と頼んだ。英国人、アイルランド人なら誰でも知っているポピュラーな歌である。

そうしたら帽子の老人はちょっと顔をしかめて「悪いね、それだけは歌いたくないんだ。ほかなら何でもやるから」と返事した。

パブのざわつきが、一瞬止んだ。

パブの老歌手は英国嫌いだった

ダブリンのパブの老楽士が客のリクエストを拒んだ「遥かなるティペラリー」の歌詞の一部を紹介する。

It's a long way to Tipperary
It's a long way to go
It's a long way to Tipperary
To the sweetest girl I know
Goobye Piccadilly
Farewell Leicester Square
It's a long long way to Tipperary
But my heart's right there

ティペラリーはアイルランド南部の町である。そこからロンドンに出てきた男の望郷の歌だ。「ティペラリーは遠いけど、そこには愛しのあの娘《こ》がいるんだ。ピカデリー広場、レスター広場さようなら。ティペラリーは遠いけど、俺の心はあの娘のもとさ」。軽快なテンポのいい曲だ。リクエストした客は何で拒否されたのかわからなかったかもしれない。

私は推測できた。四十年ほど前、新聞社の経済部で貿易業界を担当していたころ、ロンドン駐在を務めた三井物産の人からこの歌を教わった。第一次世界大戦中に英国兵士の間で大層流行《はや》り、「軍歌」になった。

そうか、このシニア歌手は「英国嫌い」なんだ。だからあんなつれない返事をしたんだ。そう解釈した私は帽子の老人のところに行って「英国兵が好んだ歌だからでしょ」とささやいたら、ちょっとびっくりしたような顔をして「どこから来た」と聞くから「日本から」と答えた。

そしたら老歌手は大声で「この日本人はスマートだ（わかってる）ぞ」といった。私は恥ずかしくなり、「チップ」と書かれたカップに五ユーロ札を入れて「何か愛国歌を歌って」と頼んだ。

彼らが歌ったのは「一九一六年イースター蜂起の歌」だった。ジェイムズ・コノリーらアイルランド市民は英国支配を終わらせ、独立を勝ち取るために反乱を起こしたが、英軍に鎮圧された。「イースター蜂起の歌」の歌詞はわからなかったが、物静かなメロディーだった。

ダブリンに着く前に、二か所のパブでそこにいた男たちに「『遥かなるティペラリー』は嫌いか？」と尋ねた。アイルランド人の反英意識を知りたかったからである。そうしたら二か所とも「いや気にしないよ」「いい歌じゃないか」との返事。一か所のパブではみんなで一緒に歌った。でもこの国が英連邦から離れて完全に独立したのは第二次世界大戦後の一九四九年のことだ。パブの歌手のような年配者にはなお反英感情が根強いのだろう。

アイルランドやスコットランドと違って熊野に「独立運動」はなかった。旧牟婁郡に属していた時代、それが

ダブリンのパブで歌っていた二人

和歌山県と三重県に分かれた明治以降も熊野は日本の一地方だった。飛鳥、奈良、京都、東京と時代時代で都《みやこ》は変遷したものの、そこから遠い熊野には独立はおろか、権力を直接脅かすような強い勢力は育たなかった。

しかしそれはこの地域が中央権力に順応、追従してきたことを意味しない。それどころか熊野は時の権力や権威に「まつろわぬ（言うことをきかない）者」たちの本拠地であった。

歴史にあらわれた「まつろわぬ者」第一号は、さきに登場してもらった丹敷戸畔《にしきとべ》である。熊野に上陸した神日本磐余彦《かむやまといわれびこ》（神武天皇）に歯向かい殺されたと『日本書紀』が記す族長だ。ニシキトベにとって、侵略者神武との戦いは土地と人びとを守る防衛戦だった。

熊野で反乱を起し、桓武《かんむ》天皇の命で榎本・宇井・鈴木の熊野三党（地元の古い家系）に鎮圧されたという南蛮、坂上田村麻呂に退治された鬼たち、大逆事件という一大でっち上げ事件の犠牲になった大石誠之助ら「紀州グループ」など、「まつろわぬ者」たちの系譜や悲劇は連綿と続いている。

南朝伝説が伝わる熊野市の光福寺の「ジャジャツク」。打ち手は鐘と太鼓を同時に鳴らす。盆踊りのときなどに演じられる（中村元美氏撮影）

　そんな土地柄だからだろうか、古道が結ぶ吉野や熊野には、懐に飛び込んだ窮鳥を危険をおかしてでも守るという伝統がある。

　例えば後醍醐天皇の皇子、大塔宮《おおとうのみや》護良《もりなが》親《しん》王《のう》だ。鎌倉幕府討幕に失敗した後醍醐は一三三二年に隠岐島に流される。大塔宮はわずかな手勢を従えて熊野に分け入る。『太平記』のいう熊野落《くまのおち》である。その逃避行を地元の豪族竹原八郎や、その甥の戸野兵衛が助けた。北山川沿いの和歌山県北山村には、大塔宮と竹原八郎の娘との間に生まれ、幼くして死んだという子を祀る骨置《こうず》神社がある。

南朝の血筋を引く後南朝の伝承や、平家の落ち武者伝説も熊野各地に点在している。三重県熊野市飛鳥町の光福寺は後南朝の尊雅王《たかまさおう》がそこまでのがれ、そこで亡くなったという伝承を持つ。尊雅王は一四五七年に今の奈良県川上村で殺された尊秀王《たかひでおう》（自天王《じてんのう》）と忠義王《ただよしおう》の弟とも叔父ともいわれる人物だ。

「島のケルト」でも熊野でも、「まつろわぬ者」たちは自分たちが苦しんだ分、権力に挑み敗れゆく者たちには温かく、そして優しい。

島国の権力なんてちっぽけだ

明治の文豪徳富蘆花（徳富健次郎）は「み丶ずのたはこと」という題の随筆の中で「紀州は蜜柑《みかん》と謀叛人の本場である」と書いた。

蘆花が謀叛人を「けしからぬ輩《やから》」と批判したわけではないことは、彼が大逆事件で死刑判決を受けた幸徳秋水や管野すが（須賀子）らの死刑執行（一九一一年一月二十四、二十五日）の直後に第一高等学校で講演したことでわかる。

「謀叛論」と題した講演で彼は「新思想を導いた蘭学者にせよ、局面打破を事とした勤王攘夷の處士《しょし》にせよ、時の権力から云へば謀叛人だった」「幸徳君等は時の政府に謀叛人と見做《みな》されて殺された。が、謀叛を恐れてはならぬ。謀叛人を恐れてはならぬ。自ら謀叛人となるを恐れてはならぬ。新しいものは常に謀叛である」「幸徳君等は乱臣賊子として絞台の露と消えた。其《その》行動について不満があるとしても、誰か志士として其動機を疑ひ得る」などと語った。（『明治文学全集42　徳富蘆花集』筑摩書房、一九六六年）。

エリート校での講演とはいえ、当時の状況下では勇気ある発言だった。

熊野古道中辺路にある「野中の一方杉」。枝がみんな南に向いているのでそう名付けられた。南方熊楠の運動でかろうじて伐採をまぬがれた

「蜜柑と謀叛人の本場」というのはうまい表現だが、熊野に五年余り住み、沖を黒潮が洗う熊野灘を眺めて暮らしているうちに、熊野人《くまのびと》の心根は単なる「反権力・反中央」ではないのではないか、と感じてくる。太平洋という大海原、そして縄文、弥生時代から稲作・金属・建築・造船などの技術、神話や伝承、それを伝えた人びとを運んできた黒潮とともに生きてきた熊野人にとって、飛鳥・奈良・京都・東京といった都《みやこ》やそこの権力は「さして大きくない存在」に映ったのではないか。大海という開かれた世界から見ると、島国のちっぽけな権力など「それがどうした」とばかりに相対視されたのではないか。そんなふうに思うようになったのである。

それはまた、時の権力の「正統性」を問う視線でもある。中央の権力に歯向かうだけでなく、「あなたは中央だ、権力者だと言っているが、本当に正統で真実なのか?」と問い詰める眼差しがいつもあったのではなかろうか。

正統性・真実性を問う視線の先にあるのは時の権威・権力ばかりではない。自然を気ままに破壊し、それを進歩だ文明だと正当化する人間の言動にも向けられる。南方熊楠の神社合祀《ごうし》への反対、鎮守の森を守る運動は、自然と動植物が織りなすエコロジーの正統性とそれを破壊する人間の傲慢さへの告発であった。

柳田國男は熊楠の神社合祀反対に共感し、熊楠が明治四十四年八月、松村任三東大教授（植物学）に宛てた書簡二通を小冊子にまとめ、東京の関係者に配った。それが『南方二書』である。

このころの二人の往復書簡をみると、柳田は熊楠へ「中央の有名メディアに投稿するよう」さかんに勧めている。

例えば、明治四十四年六月二十一日付の柳田書簡では「東京の雑誌へも追い追い御書き下されたく、新聞よりは比較的消え去ること遅く候」と述べ、同年十月一日の書簡では「また今後同じ問題（筆者注＝合祀反対のような問題）起こらば、さっそく『太陽』『新日本』または『日本人』への御寄稿として小生まで御書き送り下されたく、急を要すれば新聞でも、ともかく東京にて発表なされ候方、迂《う》に似て然《さ》らず」と促しているのである。（『柳田国男　南方熊楠　往復書簡集』平凡社、一九七六年）

これは先輩熊楠への柳田の「友情ある説得」だったが、熊楠は耳を貸さず、地元の牟婁新報やロンドンの雑誌に書き続けた。民俗学や研究方法への二人の意見の相違がその後目立ってきたといった事情もあろう。だが私には、長く欧米生活を経験し、自国の権力や中央の権威を柳田以上に「相対化」できた熊楠の真骨頂がそこにあらわれているように思える。

宮城音弥に『日本人の性格』（朝日新聞社、一九六九年）という著書がある。地域によって府県によって異なる日本人の性格を心理学者の目で分析し「県民性」を浮き彫りにしようという試みである。

その中で「黒潮分裂質帯」という言葉に目が行った。沖縄・高知・和歌山県など黒潮が沖を流れる地域に同じ気質がうかがえるという指摘だ。

分裂質・躁鬱《そううつ》質といってもいろいろなパターンがあるし、同じ県民でも人さまざまだから、傾向という程度にみるべきだろうが、その県民性の指摘は面白い。

高知県の県民性は

気質：分裂質
性格：勝気
特性：理想家はだ　おおらか　豪放　独創的

として、中江兆民、幸徳秋水らを挙げている。

宮城の分析では、和歌山県の県民性は北部と南部で異なる。

気質：分裂質（南部）躁鬱質（北部）
性格：きわだったものがない
特性：（おもに南部）温和でない　情熱的　反抗的
（主に北部）話し上手　すれた　島国的でない　楽天的　がめつい

われらの南方熊楠は和歌山市の生まれだが、帰国後は田辺や那智など南紀を活躍の舞台とした。その性格、言動は「南部」の色合いが濃い。宮城は彼を「他人と調和できぬ分裂質を土台とした強気の人間」「独善型および

スコットランドのドライブで退役軍人のパレードに出くわした。「写真を撮らせて」といったらポーズをとってくれた

理想家型を示す分裂質」と評している。

古代ローマ時代のギリシャ系の地理学者ストラボンは、ケルト人の印象を「男性は好戦的で、情熱にかられ、興奮しやすく、論争好きだが、単純でだまされやすく、女性のほうは母性的で多産」と記しているという。（井村君江著『ケルトの神話』ちくま文庫）

一方、『ケルト神話』（青土社、一九九一年）の著者プロインシァス・マッカーナは「それがケルトのものとしている多くの属性―雄弁、叙情的特性、移り気、放蕩、無鉄砲、論争好き、等々―は、二千年前の古代の著述家たちの記録にも現れていて、はるかに長い糸を引いているのである」と述べている。

古代ケルト人の特性が、時空を超えて南方熊楠に乗り移ったのかもしれない。

地球のために手を結ぼう――エピローグ

これまで「島のケルト」と熊野について、その共通点をさぐってきた。私がなぜそんな作業をするのか、なぜケルトと熊野に注目するのか。それは単に地域や古代史への興味だけでなく、双方から学ぶ今日的意味があると考えているからである。

日本の歴史には「熊野サイクル」があるのではないか。つまり熊野が耳目を集め、歴史の表面に出た時期と、そうでない時期が交互にやってきたのではなかろうか。

熊野詣をとってみよう。平安初期まで熊野は山岳修行者が入山する程度だったが、九〇七年の宇多法皇から上皇・法皇の熊野御幸《ごこう》が始まると、熊野は都人の間でがぜん注目されるようになった。白河上皇の九回、鳥羽上皇の二十一回、後白河上皇の三十四回、後鳥羽上皇の二十八回など回を重ねた上皇・法皇も多い。亀山上皇の熊野詣が御幸の最後だった。

熊野御幸の盛り上がりが熊野サイクルの第一の上昇・注目期をもたらした。

しかし一二二一年に起きた承久《じょうきゅう》の乱を契機に、熊野は中央の目から遠のく。承久の乱は後鳥羽上皇が鎌倉幕府

アイルランドといえばギネスのビール。ダブリンの工場の最上階ではできたてのギネスを味わうことができる。世界各地から観光客が集まる

倒幕に動いて失敗した事件だ。熊野三山の多くは上皇側に与《くみ》し、荘園を失うなど大打撃を受けた。権勢をふるった熊野別当も、次第に歴史の表舞台から消えていった。

サイクルの第二の上昇期は鎌倉から室町に移る時代で、参詣者の主役は武士や土豪らであった。室町時代は浄土信仰の広がりもあって本宮を中心とした三山人気は一層高まり、十五世紀後半の活況ぶりは「蟻の熊野詣」と評された。

近世に入ると、田辺と本宮を結ぶ中辺路《なかへち》より、伊勢から三山に至る伊勢路が脚光を浴びるようになった。「お伊勢参り」が盛んになってきたためだ。

江戸時代を熊野サイクルの第三の上昇期とすれば、その特徴は参拝・巡礼者の階層が一般大衆や農民にまでさらに広がったこと、伊勢が加わることによって旅がより「大型化」したことだろう。伊勢から熊野三山を巡り、那智の青岸渡寺を振り出しに西国三十三所を巡るというグランドツアーも流行《はや》った。

近世は観音信仰の時代だ。『熊野年代記』は享和《きょうわ》元年（一八〇一年）の熊野巡礼者の数を三万人と記している。伊勢路を中心に、農閑期の冬場など結構多かったのではなかろうか。

だがその盛況も幕末まで。明治新政府による神仏分離令や修験道の禁止なども打撃となり、熊野はまた忘れら

れた地域となってしまった。

そして昨今、熊野サイクルは第四の上昇・注目期を迎えた。二〇〇四年七月に吉野・高野・熊野の霊場とそれを結ぶ祈りの道が「紀伊山地の霊場と参詣道」として世界遺産に登録されたことは、その象徴である。

本宮大社を訪ねる外国人が増えてきた。参拝するカップル

ここへきて熊野人気が高まったことにはいくつかの理由と背景がある。
①この国の人びとは、戦後の焼け野原から再出発、汗水たらして経済大国を築いた。坂をのぼりつめた今、内では年々減る働き手が高齢者を支え、外からは経済のグローバル化による競争激化にさらされている。職場でも家庭でも学校でも、肉体的・精神的に疲れた人びとの中に、大都会から遠く、「カミとヒトと動物と自然」が一体となっていた古《いにしえ》の面影を残した懐かしさのあるところで心と体を癒したい、と願う人は少なくない。
②過密、大気や水の汚染、地球温暖化、加えて原発事故。「現代文明は持続できるのか」「果たして地球はもつか」。そんな不安や疑問を抱えた人たちは、自然と人間が「共生」してきた時代やそれを可能にする環境をもう一度見直そうとしている。

③中東の泥沼化、テロの頻発、キリスト教とイスラム教の「文明の衝突」。敵か味方か、白か黒か、といった一神教的な仕分けに疑問が高まり、山にも木にも岩や滝にもカミや精霊が宿り、動物たちもカミになるといった世界観・宗教観が再評価されてきた。

これらの願望や危機意識は世界共通だから、熊野には外国人もやってくる。高野山や熊野三山でヨーロッパなど海外からの訪問客に出会うことは珍しくなくなった。そうした熊野人気は、ケルトの自然観・宇宙観・宗教観の見直しとも通底しているのではなかろうか。つまりこの国の熊野サイクルの第四の上昇・注目期は、世界の価値観の転換や現代文明や宗教対立に対する危機意識と同調（シンクロナイズ）しているのである。

十八世紀から十九世紀にかけてのヨーロッパで、ケルト文化を見直す「ケルト復興運動」が高まった。その背景には資本主義や工業生産の発展に伴って失われてゆく個性・人間性を取り戻したい、もう一度古代に戻って近代を乗り越える知恵を得たい、という願望があった。

「ケルト・リバイバル」の動きは十九世紀後半から二十世紀にかけて、ヨーロッパでもう一度起こった。鶴岡真弓氏はその潮流の背景に、国家間の「優越競争」と国家の一元化を推進するイデオロギーがあったという鋭い指摘をしている。フランスであれ英国であれアイルランドであれ、「彼ら（当代の知識人）は自らの国家に内在する良き伝統や美の古層を『ケルト』をもって語ることによって、自分の『帰属する国家の徳』を語ったということができるのである」と彼女は書いている。（鎌田東二・鶴岡真弓著『ケルトと日本』角川選書）

今、ヨーロッパとその外縁では、ウクライナやトルコのように欧州連合（ＥＵ）に入りたい国がある一方、ＥＵの内部では統合への懐疑論がくすぶり、英キャメロン政権はＥＵ残留か離脱かを問う国民投票を二〇一六年六月二十三日に実施する。バルセロナを抱えるスペインのカタルーニャ州では独立を求める勢力が州議会選で勝った。スコットランドの独立運動はなお続くだろう。「一体化」と「分離・独立」という逆方向の動きがいま同時進行しているのだ。そこに「イスラム国」の拡散、難民の流入、プーチン・ロシアの攻勢などの不安が重なる。

香川県から来たカナダ・南アフリカ・米国・英国の若者たち。小中学校で英語の授業の指導助手をしているという（世界遺産熊野本宮館前で）

　こうした状況の中で、「ヨーロッパの基層」をなしたケルト文化とその思想に、また改めて熱い視線が集まりそうな予感がする。

　それは急速な工業化・産業化への反発や、「国家統合」へ利用といった過去の流れとは異なる、国境を超えたグローバルな視点や危機感を背景にしている。

　とりわけ「島のケルト」でキリスト教が土着の信仰や神々を頭から排除せず、それらを巧みに取り入れた知恵、太陽神や地母神を崇拝し、樹木や自然を大切にした世界観・自然観などは、人類の共存や地球の持続可能性の観点から見直されるに違いない。

県や市が音頭をとって、熊野の地に海外から若い研究者を定期的に招く。一年とか半年とかの滞在中、日本の関係者とも交流して、熊野から「環境」「宗教」「共生」について英語で発信してもらう。そんな構想を提案したい。

あとがき

三重県熊野市波田須町《はだすちょう》。ＪＲ紀勢本線の無人駅のすぐ上に建つ借家の窓から熊野灘が見える。水平線に大型船が行き交うあたりに黒潮が流れている。

「なぜ熊野に?」とよく聞かれた。奈良盆地から移り住んだ当初は海の蒼さ、森の深さ、空の高さ、そして熊野三山の存在、といった月並みな理由を挙げていた。しかし半年ほどしたある日、「私は黒潮に呼ばれて、やってきた」と気付いた。それは啓示のようなものであった。

フィリピン東方の北赤道海流に端を発する黒潮は日本列島にさまざまな思想、文化、技術、そしてそれらを伝えた人々を運んできた。若き柳田國男が伊良湖岬の海岸に打ち寄せられた椰子《やし》の実に感激し、谷川健一が本州の南端・紀伊大島の樫野崎で黙ってじっと沖を見つめていたように、黒潮はこの国の人の魂を揺さぶる。

「黒潮に呼ばれた」という私の感覚もそうだった。体の奥深くから、もしくは血の古層が何かを語りかけてきたような気がしたのである。それは「自分は何者で、祖先はどこから来たか（アイデンティティーとルーツ）」を示唆するようにも思えた。

以来、私は「黒潮のロマン」を熊野における自分のテーマにした。インドネシア・セラム島に伝わる穀物創成神話（ハイヌウェレ神話）が黒潮に乗って熊野に流れ着き、結早玉《むすびはやたま》という神格に発展、熊野三山の神になったという物語はその産物である（『イザナミの王国　熊野』方丈堂出版、二〇一三年）。「同母の兄妹は交わってはならない」というタブーを取り上げた『古代の禁じられた恋』（森話社、二〇一四年）では、イザナキ・イザナミは実の兄妹で、神話の原型は南の島から海人族《あまぞく》がもたらしたと書いた。中国や東南アジア、台湾、南西諸島には「大洪水で生き残った兄と妹が結ばれた。最初に異形の子が生まれたが、後に生まれた子どもが部族の祖になった」といった神話がたくさんあるからだ。日本神話では「大洪水」が消され、異形の子は「ヒルコ」として痕跡をとどめた。

本書も私なりの「黒潮のロマン」である。アメリカ東岸から大西洋を渡り、アイルランド沖を北上するメキシコ湾流は黒潮と並ぶ暖流だ。ユーラシア大陸の両端、そして二大暖流が沖を洗うところには同じような観念が生まれ、似た空気が漂い、相通じる気質を育むのではないか。仮説の翼を思い切り広げ、それをエッセーの形で綴った。

「黒潮のロマン」とともに私がテーマにしたのは、権力や権威に「まつろわぬ（言うことを聞かない）者」に寄り添う姿勢だ。その代表が熊野の鬼たちである。天皇制や、飛鳥・奈良・京都・東京の為政者に歯向かう人びとは「鬼」にされ、殺された。「まつろわぬ者」の系譜は、本書にも登場するニシキトべ、坂上田村麻呂に成敗された鬼たちから、明治時代に大逆事件というでっち上げの犠牲になった大石誠之助ら「紀州組」まで、続いている。

アイルランドやスコットランドに支配者や強者に「まつろわぬ者」の歴史を知ったとき、それが熊野と二重写しとなり、双方の思いを伝えたいという気持に駆られた。私が言いたかったのは、熊野人は単なる反権力・反中央ではなく、太平洋（黒潮）という「開かれた」世界と島国の小さな権力を比べる「醒《さ》めた目」を持っていたのではないか、ということだ。それは大西洋（メキシコ湾流）とともに生きてきた島のケルトの国人《くにびと》にもある程度当てはまるのではなかろうか。

南紀に生まれ育った友人から「うれしいけれど、それは買いかぶりだ。過去も現在もそんなに立派ではない」といわれた。そうかもしれない。だが、生まれ育ち東京の私から見ると、国家間の角逐、資本主義と社会主義、キリスト教とイスラム教の対立、温暖化や砂漠化など「地球・人類の危機」を救うカギは、自然や神々、動物と共生してきたケルトと熊野が握っているように思えてならない。この本の最後に「熊野に欧州などから若い研究者を招いて、環境・宗教・共生についてこの地から発信してもらう」という提言をしたのは、「ハードよりソフト」「一度限りの国際会議より交流の積み重ね」という私の考えに基づくものである。

本書は和歌山県新宮市を中心とした地方紙「熊野新聞」に二〇一五年一月から十月まで週一回続けた連載が基になっている。連載では同社の竹原卓也編集整理室長のお世話になった。出版にあたって三弥井書店の吉田智恵編集長の手を煩わせた。お礼を申し上げたい。

プロローグで述べたように、アイルランドとスコットランドの島々を二〇一三年と二〇一四年六月に、それぞれ三週間ほどレンタカーでドライブした。最後に旅の「足」と「宿」の話を付け加えておきたい。

レンタカーは玄関口のダブリン空港とエディンバラ空港で選んだ。選ぶといっても、アイルランドや英国の車はほとんどがマニュアル車でオートマチック車はわずかしかない。ベンツなど大型車にはオートマチックがあったけれど、小回りが利かないので、日本と同じ左側通行といっても不慣れな土地では不安だ。

レンタカー会社のカウンターだけではらちが明かず、車を返す窓口でオートマチック車の返却情報を聞いたりして、アイルランドでは小型の日本車、スコットランドでは中型のフランス車を借りることができた。料金は車を傷つけた場合の保険を入れて、当時の為替レートで一日一万円ほどだった。

ガソリンスタンドはコンビニを兼ねたセルフ方式で、レジの女性に支払う。パンクの修理などしてくれそうにないから、故障したら困ると思い慎重運転を心掛けた。フランス車はディーゼル、日本車はガソリン車だった。燃料代はともに日本よりやや高かった。

日本と違って高速道路も橋も無料というのは気持ちがいい。今回のドライブではアイルランド・ダブリン近郊の一か所だけ、どういうわけか有料だったが、通行料は二百円に満たなかった。

英国やアイルランドには「ラウンドアバウト」という信号機のない円形の交差点がたくさんある。高速道路でも街中でも、都会を離れると交差点は「ラウンドアバウト」になる。

私はそのファンだ。ルールは「右から来る車が優先」ということだけ。「ラウンドアバウト」の手前でいったん止まり、右を見て車が来なければ進入する。どの出口がどこに行くか表示してあるから、行き先を確かめるまでぐるぐる回っても構わない。ルールさえ守り、慣れればとても便利である。

アイルランド南東部の町のラウンドアバウト

宿はもっぱらB&B（ベッド・アンド・ブレクファスト。朝食付き民宿）にした。安上がりだし、少しでも地元の人たちに触れることができると思ったからだ。アイルランドでもスコットランドでも観光地や主な道路沿いにたくさんあり、シニアの夫婦が切り盛りしているところが多い。

宿泊費は、アイルランドが一人五千円前後、スコットランドは六千円前後だった。部屋にシャワー、トイレが付いているのが普通で、共用だと値段は安くなる。どこも清潔でアットホーム。スコットランドの観光案内所（インフォメーション）では、他の町のB&Bも紹介してくれる。

B&Bを示す民家の入口や玄関先に「空き室あり（VACANCIES）」か「満室（NO VACANCIES）」と書いた札や看板が掛かっているから、それを見てよさそうな家のベルを鳴らす。値段を確かめ、部屋を見せてもらって納得したら、カギを渡し

農場の B&B ではこんな部屋も（スコットランド）

てくれる。支払いは翌朝、出発の時というのが一般的だ。ホテルと違って現金払いでクレジットカードは効かないから、ご用心。都市に多い「ゲストハウス」、農村部の「ファームハウス」も名前こそ違うが、基本的にB&Bである。

朝食はソーセージ、ベーコン、目玉焼き、トマトやマッシュルーム、トーストにコーヒー・紅茶というのが定番。ジュース、ヨーグルト、果物などは自分で選ぶ。朝食はたっぷり出るけれど、原則として夕食は出ないから、宿を決める前にレストランかパブ（酒場だが食事も出す。メニューも結構多い）の目星を付けておく必要がある。①都市より、小さな町か村で選ぶ②目的地には夕刻早めに到着する③町の中心から少し離れ、夕食に歩いてゆけるぐらいのところで探す、のがコツだ。

著者略歴

桐村英一郎（きりむら・えいいちろう）

1944年生まれ。慶應義塾大学経済学部卒。

1968年朝日新聞社入社。ロンドン駐在、名古屋本社経済部次長、大阪本社経済部長、東京本社経済部長、論説副主幹などを務めた。

2004年末の定年を機に東京から奈良県明日香村に移り住み、神戸大学客員教授として国際情勢などを教える一方、古代史を探求。2010年秋から三重県熊野市波田須町に住んでいる。三重県立熊野古道センター理事。

著書は『もうひとつの明日香』『大和の鎮魂歌』『ヤマト王権幻視行』『熊野鬼伝説』『イザナミの王国　熊野』『古代の禁じられた恋』、共著に『昭和経済六〇年』がある。

熊野からケルトの島へ

平成28年5月3日　初日発行

定価はカバーに表示してあります。

発行者　吉田　栄治

発行所　株式会社　三弥井書店

〒108-0073 東京都港区三田3-2-39

電話03-3452-8069

振替00190-8-21125

ISBN978-4-8382-3299-4　C0021　整版・印刷　藤原印刷株式会社